»In der Ruhe liegt die Kraft«, sagte mein Vater

Zdenka Fantlovás Koffer in der Gedenkstätte Auschwitz

Zdenka Fantlová

»In der **Ruhe liegt die Kraft**«, sagte mein Vater

Aus dem Tschechischen von Pavel Eckstein

Mit einer Einführung von Jiři Gruša

Weidle Verlag

Gewidmet jenem unbekannten Soldaten der britischen Armee,

der mir im April 1945 in Bergen-Belsen mit seiner Menschlichkeit das Leben rettete.

Einführung

Wenn in der Ruhe die Kraft liegt, so birgt vielleicht die Suche nach der Wahrheit auch die Chance, einst Geschehenes nie wieder geschehen zu lassen. Ruhe, Kraft und Mut werden dazu ebenso notwendig sein wie der Glaube an die Menschen.

Was blieb davon übrig, was Zdenka Fantlová im Januar 1942 unvermittelt und unbarmherzig eingeholt hat? Vielen von uns begegnen die Ereignisse von damals als grausame, nicht mehr greifbare Begebenheiten. Man vergißt mitunter. So arbeitet der »Zeitvorhang«, so macht sich die Gedächtnisschwelle bemerkbar – man verhüllt und schwächt ab.

Es gibt jedoch Ereignisse, die keine sorglose Distanz dulden. Sie zeugen nämlich von dem Höllischen in uns, vom Abgrund unserer Gattung.

Der Holocaust nimmt Zdenka Fantlová beinahe alles und alle, doch sie lebt und sieht. Ihr Buch beschreibt in aller Deutlichkeit, was es bedeutet, Objekt zu sein. Es erzählt von der Welt der »objektiven Realität«. Typisch für alle Totalismen.

Theresienstadt ist eine Kleinstadt am Zusammenfluß von Eger und Elbe. Einst Festung im Spiel der aufkommenden Völkerschlachten. Ein Spielstein also auf dem Schachbrett des europäischen Universalismus der Partikularität. Auf dem bunten Teppich der Völker, Länder und der Herrschaftsarten wollte man plötzlich monotone Muster haben. Ein Volk, ein Land und eine einzige Herrschaft. Die Gemeinsamkeit der Gesten und Gefühle sollte nicht mehr aus der räumlichen Nähe und Ähnlichkeit verstanden werden, sondern konträr konstruiert. Ein totales Wir-Bewußtsein sollte her!

Dieses hob nur das Eigene hervor, setzte es über alles. Das Anderssein war nicht nur fremd, sondern a priori feindlich. Das Fremde wurde fatal und diabolisch. Bis jeder Fremde der Feind war. Subjektive Abschätzung am Anfang mutierte in objektive Abwertung am Ende. So wie das Primo Levi in seinem Auschwitz-Buch formulierte:»Überall dort, wo jeder Fremde ein Feind ist, ist das Vernichtungslager die kaum zu leugnende Konsequenz.«

Wenn sich die Abneigung kollektivistisch gibt und eine an sich noch nicht krankhafte Abgrenzungstendenz in eine allgemeine Abwertung verwandelt, wenn der Begriff Mensch seine normative Kraft verliert und eine Partikularität sich messianistisch, ja universal feiern läßt, ist ein »Terezín« – unter welchem Namen auch immer – greifbar nah. Als Tränenstadt, als Vorhof der Hölle, als Schlund einer menschenfressenden Pflanze.

Denn ungeachtet der Einmaligkeit dessen, was damals im deutschen Namen geschah: Das mächtigste Memento für uns alle scheint mir die Wiederholbarkeit des Vorgangs zu sein. Der Fluch der Abgrenzung und Abwertung – überall dort, wo der Fremde an sich zur Quelle der eigenen Identität wird.

Jiří Gruša

Vorwort

Nach fünfzig Jahren kehrte ich in meine Geburtsstadt zurück, und drei ehemalige Mitschülerinnen stellten mir die gleiche Frage:

»Sag doch, was mit dir und deiner Familie passierte, als euch die Deutschen im Januar 1942 ins Konzentrationslager brachten? Wie war es dort, und wieso hast du als einzige der Familie und aus der ganzen Stadt alles überlebt?«

Die Fragen machten mich nachdenklich. Wenn schon meine Generation und meine nächsten Freundinnen nichts von unserem Leben zwischen 1942 und Mai 1945 wußten, wie sieht es dann bei den Jüngeren aus?

Wir, die wir die deutschen Lager des Holocaust überlebten, sind die letzten Zeugen jener Zeit. Nur wenige leben noch. Und wenn der letzte tot sein wird, nimmt er alle seine Erlebnisse mit ins Grab. Niemand wird dann mehr beurteilen können, wie uns zumute war und wie sich unser Leben gestaltete.

Jeder von uns hat jene Zeit auf seine Weise erlebt und überlebt. Jede Erinnerung ist ein Teil, ein nur sehr geringer Teil, der großen historischen Wahrheit.

Gerade deshalb habe ich mich entschlossen, das Bild jener Epoche festzuhalten, die mich im Alter von siebzehn Jahren in ihren Netzen fing.

Unser Zeugnis soll als Warnung dienen, damit nichts Ähnliches sich jemals wiederhole.

Reise ins Ungewisse

Der Zug aus Prag machte am kleinen Bahnhof der Kreisstadt halt. Einige Leute stiegen aus, überquerten schnell die Gleise und verloren sich eilig durch die Unterführung in die anliegenden Gassen. Mit ihnen ging eine schon ältere Frau im Herbstkostüm. Sie trug keinen Hut, nur eine Handtasche über der Schulter. Auch hatte sie kein Gepäck. Niemand erwartete sie, ihr Gang verriet, daß sie keine Eile hatte. Vor dem Stationsgebäude blieb sie stehen und atmete tief die Herbstluft ein. Ihr Blick schweifte unsicher umher, als ob sie hier zum ersten Male wäre. Vielleicht fürchtete sie sich auch ein wenig, weiterzugehen.

Unterhalb der Treppe stand ein Junge mit einem Fahrrad. Er beobachtete sie eine Weile und dachte sich, daß die Frau sicher nicht wußte, wohin sie gehen sollte. Ein wenig aus Neugier, aber auch hilfsbereit fragte er: »Suchen Sie hier jemanden?«

Sie antwortete zögernd, wie aus einem Traum erwachend: »Ja. Ich suche.«

»Und wissen Sie, wohin Sie gehen sollen?«

»Ich weiß es«, sagte sie leise.

»Und den Weg kennen Sie? Wenn nicht, bringe ich Sie dahin.«

»Danke. Du bist sehr nett, aber ich finde mich schon allein zurecht.« Der Junge sah noch ihr Lächeln, begriff, daß er sich nicht nützlich machen konnte, und war im Nu mit seinem Fahrrad weg. Die Frau ging weiter, blieb aber nochmals stehen.

Hier links war doch das Blindeninstitut, erinnerte sie sich plötzlich. Und davor ein kleiner Park. Am Drahtzaun pflegte ein alter Blinder zu stehen, der auf seiner Mundharmonika immer die gleiche langsame und traurige Melodie spielte.

Der Blinde ist längst nicht mehr da. Auch der Park und das Institut sind weg.

Endlich ging die Frau durch die kurze Bahnhofstraße in die Stadt. Sie wußte genau, wohin sie wollte, und richtete sich nach einem inneren, unsichtbaren Plan. Manchmal schien es ihr, als ob sie sich nach dem Tod hierher verirrt hätte. Alles in dieser Stadt war ihr bekannt – und doch nahm niemand von ihr Notiz, als wäre sie unsichtbar.

Wo immer sie war, alles schien ihr wie damals – und doch ganz anders zu sein. Hier war noch der alte Friedhof, wo zu Allerseelen Kerzen und Astern angeboten wurden. Sie kannte die Inschrift über dem Eingang, die an die Vergänglichkeit alles Irdischen erinnerte:

Was ihr seid – das waren auch wir.

Was wir sind – das werdet ihr sein.

Gleich gegenüber war ein kleines Tor in die mittelalterliche, von Mauern geschützte Stadt. Früher gab es nur wenige Autos, trotzdem befand sich vor dem Tor eine Tafel mit dem Satz:

Fahrt mit Vernunft!

Und auf der anderen Seite konnte man lesen:

Den Vernünftigen danken wir.

Gleich hinter dem Tor lagen ein Gasthaus und ein Theatersaal, wo reisende Truppen auftreten konnten. Ihre Vorstellungen waren immer ein großes Ereignis.

Von dort war es gar nicht mehr weit bis zum Platz mit der Kirche, dem Rathaus, der Sparkasse, vielen Geschäften. Am Abend fand sich die Jugend zum Korso ein. Am Freitag war Markt. Die Bäuerinnen aus der Umgebung boten Geflügel, Waldbeeren, Pilze und Butter feil.

Mutter hatte ein kleines Messer, mit dem sie da und dort die Butter verkostete. Sie prüfte oft und entschloß sich nur zaghaft. Die Frau hatte sich für die Mutter geschämt und es gehaßt, auf den Markt zu gehen. Der Jahrmarkt war etwas ganz anderes – da waren allerhand Attraktionen – eine Wahrsagerin, bunte Papageien, die auch halfen, die Zukunft zu ergründen, sogar ein Zirkus. Den türkischen Honig und die gebrannten Mandeln nicht zu vergessen. Manchmal spielte auch ein Puppentheater für Kinder.

Den großen kulturellen Ereignissen allerdings diente die Turnhalle des Vereins Sokol (Der Falke). Dort trat sogar der berühmte Geiger Jan Kubelík auf, es gab Vorstellungen des örtlichen Theatervereins, und auf vielen Bällen wurde getanzt. Dort fand man sich auch an nationalen Feiertagen zu festlichen Veranstaltungen ein, bei denen der Männergesangsverein niemals fehlte. Am Staatsfeiertag, dem 28. Oktober, marschierte ein Festzug durch die Straßen, den eine Blaskapelle begleitete. Alle waren stolz.

Endlich kam die Frau in die Straße Am Graben. Sie blieb vor einem neuen Gebäude stehen, sah aber mit ihrem inneren Auge etwas ganz anderes. Hier war doch ein großer Gemüsegarten, in dem die Frau Preisler ihre Produkte verkaufte. Mit dem frisch gewaschenen Grünzeug ging man flugs nach Hause.

Nach Hause? Ja, nach Hause. Fester Boden unter den Füßen, Sicherheit, ein geregeltes Leben, jetzt und später, allezeit bis zum Tode. Die ganze Familie war beisammen – anders konnte es gar nicht sein. Und doch …

Unser Haus

Die Frau ging langsam weiter, vorbei an Häusern und Gärten, die es längst nicht mehr gab. Nur sie sah sie noch. Man hatte breitere Straßen gebraucht für Kraftfahrzeuge und Platz für einen neuen Selbstbedienungsladen. Sogar den Bach hatte man zugeschüttet. Sie kam sich vor wie in einer fremden Stadt. Nur die niedrigen Hügel am Horizont und die blauen Wälder rundum waren die gleichen geblieben. Trotz Zeit und Fortschritt. Also hatte sie sich doch nicht verirrt. Erneut dachte sie daran, warum sie hierhergekommen war, und ging weiter bis zu der Stelle, wo sich ehedem drei schmale Gassen kreuzten. Nichts war mehr von früher dort, nur ein einziges Bauwerk. »Unser« Haus. Das große, breite zweistöckige Gebäude aus der Zeit der Jahrhundertwende mit dem barocken Balkon in der ersten Etage. Die Nachbarhäuser zu beiden Seiten waren verschwunden. »Unser« Haus stand da einsam und verlassen, wie ein stummer Zeuge aus einer anderen Zeit. Und anderer Ereignisse. Als ob es plötzlich aus dem Abgrund des

Gedächtnisses aufgetaucht wäre, bedeckt mit Erinnerungen an fünf andere Leben. Aus anderen Ländern, aus anderen Zeiten.

Ihr schien, daß das Haus sehr gealtert war. Wie wenn man nach Jahren einen Jugendfreund trifft und statt eines Jünglings einen Greis findet. Die Situation war gespenstisch. Unter dem abgefallenen Putz der Fassade sah man die Ziegel. Die Fenster waren grau und staubbedeckt, die Scheiben erblindet, die steinerne Schwelle war geborsten, und Spinnweben machten sich am Eingang breit. Sie stand ganz still, wie an einem alten, überwucherten Grab, das die letzte Ruhestätte von jemandem ist, den wir geliebt haben. Es schien ihr, daß sie aus sehr weiter Ferne hierhergekommen war. Von jenseits der Grenzen von Raum und Zeit. Niemand ging ins Haus, niemand kam heraus.

Nur sie stand da. Lebend vor einem toten Haus. Je länger sie es ansah, um so verwirrter war sie, daß sich die Erinnerungen nicht mit den Tatsachen deckten. Das Haus war etwas aus einer längst vergangenen Zeit. Was hier einst passierte, geschah vor fünfhundert Jahren. Aber das konnte ja nicht sein, wenn sie doch dabeigewesen war. Aber vielleicht existiert gar keine Zeit, vielleicht geht es dem Menschen wie dem Blatt, das der Wind hin und her treibt. Aber nein! Wir brauchen festen Boden unter den Füßen und um uns Menschen, die wir mögen.

Es kam ihr vor, daß sie aus einem Traum aufgeschreckt sei und nicht wüßte, wo sie sich befinde, wie spät es sei und wie sie heiße. Und dann dauert es eben ein Weilchen, bevor die einzelnen Elemente wieder in die gehörige Ordnung kommen.

Sie setzte sich auf einen Stoß neuer Bretter, die da zu weiterer Verwendung bereitlagen, und stellte sich folgende Fragen:

»Wie kam das eigentlich? Warum sind wir hierhergekommen? Wo hat alles angefangen?«

Der Großvater

Josef Mautner aus Blatná kam nach 1865 als Wirt des Ausschanks in der herrschaftlichen Brauerei nach Cerhonice. Später führte er ein weiteres Gasthaus und handelte mit Getreide.

Noch nach dem Ersten Weltkrieg wurde erzählt, daß Josef Mautner mit dem örtlichen katholischen Pfarrer Hugo Zahnschirm befreundet war. Dieser kam aus dem oberösterreichischen Prämonstratenserkloster Schlägl, dem die Liegenschaften in und um Cerhonice von 1688 bis 1920 gehörten. Also repräsentierte er als Vertreter des Abts im Ort die Obrigkeit.

Der Herr Administrator und Mautner saßen angeblich oft zusammen auf zwei Steinen vor den Toren des Hofs. Mautner, obwohl Jude, war Berater des Geistlichen, und das nicht nur in geschäftlichen Angelegenheiten. Über ihn wurden alle Anliegen und Gesuche der herrschaftlichen Bediensteten und fallweise anderer Ortsbewohner erledigt. Was Mautner sagte, galt.

Mautner ging es wohl gut in Cerhonice. Schon am 15. 3. 1868 kaufte er gemeinsam mit seiner Gattin Rosalie von dem Häusler Jan Toman einen Teil von dessen Garten gegenüber dem Schloß und überließ ihm dafür drei Striche fruchtbarer Felder am sogenannten Viehweg.

Auf dem so erstandenen Grundstück erbaute Josef Mautner ein größeres, gemauertes Wohngebäude, in dem sich auch ein Laden und ein kleinerer Wirtshaussaal befanden. Daneben waren Ställe für sechs Stück Vieh, eine Scheune, Schuppen und ein Brunnen.

Ab 1880 gab es also im Ort zwei Gasthäuser. Im verhältnismäßig großen Saal fanden bis zum Zweiten Weltkrieg Tanzunterhaltungen statt. Im Laden wurde das übliche Warensortiment für den täglichen Gebrauch der Dorfbewohner angeboten.

Im Jahre 1890 verstarb Mautners Frau. Im Jahre 1894 wurde Mautners zweite Frau Josefa Miteigentümerin des Anwesens Nr. 50. Sie gebar ihrem Mann am 21. 3. 1897 die einzige Tochter Barbara, die bald nur Betty gerufen wurde. Mit ihren dunklen Augen und langen, oft zu Nestern gerollten braunen Zöpfen wurde ihre Schönheit offenbar, noch bevor ihr Vater um 1910 verstarb.

Zur sehr angesehenen Familie gehörte noch der ledige, leider nach einem Gehirnschlag gelähmte Bruder Jáchym, um den sich zumeist seine Schwägerin kümmerte.

Josefa Mautnerová endete tragisch. Sie wurde zu Beginn des Ersten Weltkriegs von einer schweren Melancholie befallen. Eine besonders tiefe Depression trieb sie im Frühjahr 1916 aus dem Haus. Nach einem Weg von etwa drei Kilometern entlang des Bachs ertrank sie in dessen Fluten.

Mit 18 Jahren wurde Betty Waise und mußte sich nun allein um alles kümmern.

Begegnung als Schicksal

Ein fescher junger Mann mit blonden Haaren und lustigen blauen Augen – Arnošt (Ernst) – hatte soeben seine Tätigkeit als Handlungsreisender mit Eisenwaren in unserer Gegend aufgenommen und besuchte fleißig seine Kunden.

Eines Tages wollte er nach Cerhonice. Er war zu Fuß unterwegs, und so konnte ihm nicht entgehen, daß sich der Himmel mit dräuenden schwarzen Wolken bedeckte. Noch war er in den Feldern, als ein schweres Gewitter losbrach. Er verlor den Weg aus den Augen, und seine Eile machte alles noch schlimmer. Vollkommen durchnäßt suchte er Unterschlupf in einem Wirtshaus, denn er hatte auch Hunger. Im ersten, das er fand, riß er die Tür zur Gaststube auf. Hinter dem Ausschank stand die schöne Betty mit ihren dichten Haaren, in einer weißen Bluse. Ihr Blick fixierte ihn. Wie vom Blitz getroffen, starrte er sie an.

Zunächst aber stillte er seinen Appetit und ließ Haut und Kleider trocknen. So wurde es allmählich höchste Zeit, an die Rückfahrt nach Blatná, wo er wohnte, zu denken.

Das Gewitter war vorüber, es regnete auch nicht mehr, und so faßte er den Mut, Betty zu überreden, ihn zum Bahnhof zu begleiten. Betty hatte keine Einwände, nur als der Zug abfuhr, streckte sie ihm ihre Zunge heraus. Arnošt ließ nicht mehr locker. Es war Liebe auf den ersten Blick, und er wußte, daß für ihn außer der schönen Betty kein anderes weibliches Wesen mehr existierte.

Er kam, so oft es ihm seine Zeit nur erlaubte. Und Betty verliebte sich ebenfalls. Er gefiel ihr mehr und mehr, auch war sie nicht mehr allein und hatte einen Beistand.

Arnošt half Betty beim Verkauf der Liegenschaft und der Felder an eine gewisse Anna Smolová, die Frau eines Viehhändlers aus Malčice.

Mit der Übersiedlung von Betty nach Blatná endet die Ära der Familie Mautner in Cerhonice. Die Hochzeitsfeier fand im Prager Hotel Bristol statt. Betty mit Brautkranz und Schleier war in ihrem weißen Kleid wunderschön anzusehen. In seiner Ansprache betonte der weise Rabbiner:»Glück kann man nur zu Hause finden. Sonst nirgendwo.«

Dieses Hinweises bedurfte es gar nicht, denn Arnošt und Betty liebten einander innigst und waren miteinander unsagbar glücklich. Sie wurden meine Eltern.

Die Hochzeitsreise unternahmen sie nach Wien, in die große Welt. Dort gab es herrliche Palais, Theater, Fiaker, viele Auslagen, Cafés, Musik, Kultur. Sie waren von Wien begeistert.

Ihren Wohnsitz nahmen sie in Blatná, im ersten Stock eines kleinen Hauses unweit vom Schloß.

Im September 1919 war der kleine Sohn Jiříček der erste Familienzuwachs. Mein Bruder war angeblich ein schwaches Kind, und alle sorgten sich, daß er überlebe. Man legte ihn sogar ins Ofenrohr wegen der größeren Wärme, und vor das Gesicht stellte man einen Spiegel, damit man am Anlaufen des Glases sehen konnte, ob er noch am Leben war. Der Hebamme Rážová gelang es schließlich, den Buben zu retten und aufzupäppeln.

Zweieinhalb Jahre später kam ich zur Welt. Angeblich war ich gesund, stark und sehr neugierig. Mein erstes großes Erlebnis hatte ich im Alter von drei Jahren. Die Kirche in Blatná bekam neue Glocken. Die ganze Stadt war auf den Beinen. Nur mich ließ man unter Obhut des Großvaters zu Hause, weil ich noch zu klein sei. Meine Enttäuschung war so groß, daß ich dachte, sie nicht überleben zu können.

Warum mußte ausgerechnet ich zu Hause bleiben, wo ich doch am meisten von allen die Glocken sehen wollte. Ich mußte dabeisein! Was aber tun, wenn doch die Zeit so schnell verrann? Plötzlich merkte ich, daß der Opa mit seiner Pfeife im Lehnstuhl eingeschlafen war. Das war mein Augenblick – flugs war ich auf der Treppe und danach auf der Straße, die voll von Menschen war.

Wie auch immer, es gelang mir, meine Mutter zu finden. Ich zupfte sie am Rock, sie erschrak furchtbar, lächelte mir aber gleich darauf zu. Wahrscheinlich war sie stolz, ein so mutiges Kind zu haben. Mein Vater wurde aufmerksam gemacht, auch er ärgerte sich nicht, nahm mich auf die Schultern, damit ich besser sehen konnte. Und was sah ich? Gerade noch, wie die Glocken im leeren Kirchturm verschwanden. Aber ich hatte es geschafft. Vor Begeisterung war ich außer mir und hatte das Gefühl eines großen Siegs. Auch Großvater verzieh mir meine Flucht.

Angeblich beging ich auch kleine Diebstähle. Mir kam das gar nicht so vor. Neben unserem Haus hatte Frau Boušová ihren Krämerladen, in den zwei Stufen führten. Vor dem Eingang stand auf beiden Seiten je ein Sack, einer mit getrockneten Pflaumen, der andere mit Erdnüssen. Wenn ich auf der Straße spielte, lockten mich die beiden Säcke, vor allem die Nüsse. Ich hätte ja fragen können, ob ich mir ein paar nehmen dürfte, aber Frau Boušová hätte auch nein sagen können. Also wählte ich eine andere Lösung. Ich nahm mir zu Hause eine Schürze, in die wanderten einige Nüsse, die ich dann im Garten verzehren wollte. Nur – am Ende des Gartens stand eine dunkle Laube und an deren Wand klebte ein riesiges Plakat mit dem Eichel-As. Das As hatte große Krallen, riesige gelbe Augen und fletschte die Zähne. Vor dem Bild hatte ich immer Angst – und jetzt sah es mich an, als ob es alles über mich wüßte. Ich hörte auf, den Garten und den Laden aufzusuchen.

Mit meinem Vater gingen wir oft über eine alte Holzbrücke ins Schloß. Unter ihr blühten riesige Seerosen. Wir liebten lange Spaziergänge im großen, herrlichen Schloßpark. Das waren idyllische Zeiten, voll von Liebe und frei von allen Sorgen.

Doch es kam zu einer großen Wende.

Übersiedlung in die Kreisstadt

Zu Beginn des Jahres 1925 entschloß sich mein Vater zur Übersiedlung in eine größere Stadt, wo es Eisen-, Walz- und Stahlwerke gab, wovon er sich bessere Existenzmöglichkeiten versprach. Mein Vater war fleißig, geschickt und wegen seines offenen Wesens beliebt. Er wollte seiner geliebten Betty und uns Kindern ein sorgloses Dasein und eine höhere Bildung, als er selbst hatte, sichern. In der Stadt gab es zwei Volksschulen sowie eine Bürgerschule und ein Gymnasium. Eine neue Phase unseres Lebens begann.

Ein Haus empfing uns mit offenen Armen, es lächelte uns geradezu an. Im zweiten Stock wohnten fortan die bejahrten Eltern meines Vaters, den ersten Stock bezogen wir. Die Wohnung hatte einen schönen Balkon zur Straße hin, mehrere Zimmer und eine große Küche mit einer kleinen Kammer daneben. Wir kamen uns wie in einem Schloß vor. Das Vorzimmer war so lang, daß ich dort mein Dreirad ausprobieren konnte.

Im Erdgeschoß war ein Laden mit Eisenwaren, dahinter ein Büro und Magazin. Großvater bezog sofort Posten hinter der Verkaufstheke und saß dort den ganzen Tag mit der Vorstellung, daß er schwer arbeite – obwohl alles Nötige ein Angestellter besorgte.

Die neue Firma führte sich gut ein – unser Leben begann verheißungsvoll. Bei all dem Glück und der Liebe, die wir empfanden, kam niemandem auch nur die leiseste Ahnung, es könnte je anders werden.

Vater gab das Reisen nicht auf und freute sich jede Woche auf den Freitag, der ihm seine geliebte Betty und die Kinder wiedergab. Zu Hause hatte er tatsächlich das Glück gefunden, von dem seinerzeit bei der Trauung der Rabbiner gesprochen hatte. Es gab keinen Grund, zu denken, daß dieses Familienidyll nicht von ewiger Dauer sein würde. Aber es kam anders.

Meinen Vater und uns Kinder suchte eine plötzliche Tragödie heim. Meine Mutter befiel eine tückische, unbekannte Krankheit. Sie hatte ständig hohes Fieber, und niemand konnte dessen Ursache feststellen. Unser Hausarzt, Herr Doktor Drábek, dessen Ohren so kalt waren, wenn er sie auf unseren Brustkorb legte, meinte, es handle sich um eine Blutvergiftung. Meinen Bruder und mich schaffte man zu Nachbarn, damit wir zu Hause nicht weiter störten. Wenn Vater uns besuchen kam, hatte er verweinte rote Augen. Ich versäumte nie, Mutter ein Briefchen mit Kritzeleien zu schicken und ihr zu versichern, daß ich mich schon auf den ersten Spaziergang mit ihr freue und daß ich ganz gewiß meinen neuen roten Schirm mitnehmen werde.

Leider ging alles sehr schnell. Nach zwei Tagen kam Papa und sagte, daß uns Mutti sehen möchte. An jeder Hand ein Kind, führte er uns ins Schlafzimmer. Mutti lag auf weißen Polstern, von denen sich ihre schönen braunen Haare abhoben. Sobald sie uns sah, vergrub sie ihr Gesicht in den Kissen und begann zu stöhnen. Sie konnte den Schmerz nicht ertragen, ihre geliebten Kinder wahrscheinlich zum letzten Mal zu sehen.

Am nächsten Morgen starb sie. Es war ein sonniger Tag, dieser 5. November 1925. Sie hatte ein Alter von achtundzwanzig Jahren erreicht. Mein Bruder war sechs und ich dreieinhalb.

Die ganz Stadt begleitete meine Mutter auf ihrem letzten irdischen Weg. Sie war sehr beliebt, verstand sich mit allen Leuten. Vater konnte den Tod seiner geliebten Betty nicht verwinden und sich ein Leben ohne sie nicht vorstellen, er glaubte ständig ihren letzten Satz zu hören:

»Ernoušek, ich danke dir für die wunderschönen sieben Jahre, die wir miteinander verbrachten.«

Er entschloß sich zu einer Verzweiflungstat. Schluß mit dem Leben, das für ihn seinen Sinn verloren hatte. Er müsse sterben und uns Kinder ins Jenseits mitnehmen, damit wir dort wieder alle beisammen wären. Er besorgte sich einen Revolver, und einige Tage nach der Beerdigung sollte es passieren. Er wartete, bis wir einschliefen, dann wäre es wohl leichter. Als er an mein Bett trat – erwachte ich. Voll Freude lächelte ich ihn an. Er schaute auf die Waffe in seinen Händen und konnte nicht verhindern, daß sie ihm entglitt. Wahrscheinlich hatte das Mutti im Himmel so eingerichtet. Sicher wünschte sie sich, daß wir auch ohne sie weiterleben sollten. Als ob Vater ihre Stimme hörte – er fand die Kraft, weiterzuleben.

Später lehrte er mich immer wieder, wie wichtig es sei, im Leben jemanden bei sich zu haben: »Geteilte Freude ist doppelte

Freude – geteiltes Leid nur halbes Leid. Und wenn du den schlimmsten Kummer hast, vergrabe dich in Arbeit. Dort findest du Rettung und Erlösung.«

Daran hielt er sich auch selbst. Mit voller Kraft betrieb er seine Geschäfte für sich und das Eisenwerk, mit dem er erfolgreich zusammenarbeitete. Wir sahen ihn selten. Die Großeltern im Haus kümmerten sich um uns. Allerdings nur vorübergehend. Vater wußte, daß wir Kinder eine neue Mutter brauchten. Eine zweite Frau für sich konnte er sich überhaupt nicht vorstellen. Die Großeltern hießen seinen Plan gut, und so begann er, wenn auch ungern, zu suchen.

Einige Vermittler halfen ihm dabei. Es fand sich eine ledige Beamtin aus anständiger jüdischer Familie in Pardubice. Ella hieß sie. Sie hatte je zwei Brüder und Schwestern. Irma und Marta waren schon verheiratet, auch der Bruder Robert. Nur der Jüngste, Karel, war noch ledig. Ella hatte sichtlich nicht viele Bewerber gehabt, und sie entschied sich schnell, Vater, der ihr durchaus gefiel, zum Mann zu nehmen. Es blieb – bis zum Schluß – eine einseitige Liebe.

Eines Tages teilte uns Großmutter mit, daß unsere neue Mama kommen würde, und führte uns zum Friseur. Die neue Mama kam in Begleitung ihrer Mutter, und beide erwarteten uns im Zimmer zur Audienz. So stand ich plötzlich vor einer fremden Frau in einem dunkelblauen Stoffkleid mit großen, weißen Perlmutterknöpfen. Von denen konnte ich meine Augen nicht lassen, so sehr gefielen sie mir. Ansonsten interessierte mich gar nichts.

Am 3. Juni 1926 fand die Hochzeit in einem Pardubicer Hotel statt. Die Hochzeitsreise führte in die Tatra. Meine neue Mutti sah glücklich aus, Vater genoß eher die Berge und die gute Luft.

In mir kam niemals das Gefühl auf, daß ich wieder eine Mutter hätte, sondern eher eine Gouvernante, die alles ordnet, den Haushalt führt und sich um unsere elementaren Bedürfnisse kümmert. So wuchs ich eigentlich allein auf. Im Haushalt halfen die Köchin Katty und das Stubenmädchen Anča. Gern saß ich bei ihnen in der Küche, wo ich mich wohlfühlte. Beide mochten mich, und ich konnte mich ihnen anvertrauen.

Im nächsten Sommer schickte uns Vater zur Sommerfrische in den Böhmerwald. Anča fuhr mit uns. Im Hotel – es lag an einem Teich – gefiel es mir sehr. Wir konnten, wenn auch mit einigen Schwierigkeiten, im nahen Wald Beeren pflücken oder im Wildbach Forellen beobachten.

Neben dem Hotel war ein Hühnerstall. Wegen eines gefährlichen Hahns war jeglicher Zutritt streng verboten. Ich, die ich im Leben niemals etwas versäumen wollte, setzte mir in den Kopf, ich müsse den Hahn sehen. Völlig unbeobachtet löste ich eines Tages den Riegel zum Hof und befand mich plötzlich mitten unter dem Geflügel. Der Hahn stand souverän da, als ob ihm die Welt gehöre. Die Hennen gackerten und suchten ihr Futter. Ich lief auf den bösen Hahn zu und begann ihn zu jagen. Eine Weile ließ er sich das gefallen, aber plötzlich machte er kehrt und fiel mich wütend an. Mit seinen Krallen setzte er sich schließlich an Gesicht und Hals fest. Ich begann fürchterlich zu schreien, einige Leute aus dem Hotel kamen mir zu Hilfe, fingen den Hahn an den Flügeln und rissen ihn von mir los. Der Besitzer des Hotels war ganz außer sich, denn der Hahn hätte mir vor allem die Augen verletzen können.

Damals war ich fünf Jahre alt, und im nächsten Jahr erwartete die Familie eine weitere große Veränderung.

Mein Schwesterchen

Im Büro hatten wir ein Telephon. Das war damals noch gar nicht üblich, aber das Geschäft verlangte danach. Es war so ein altmodisches Gerät an der Wand mit einer Kurbel. Wir hatten die Nummer 5.

Eines schönen Tags rief mich Papa zum Telephon, und ich hörte in der Muschel die Stimme meiner Stiefmutter, die mir aus Prag mitteilte, daß ich ein Schwesterchen bekommen hätte. Mir kam vor, daß da von einem neuen Spielzeug die Rede war, und ich wartete sehnsüchtig auf die Ankunft. Denn ich malte mir aus, daß ich das Kind spazierenfahren und auf dem Marktplatz aller Welt zeigen würde.

Aber zunächst fuhren wir mit dem Vater nach Prag ins Sanatorium Borůvka. Mama lag noch im Bett und neben ihr in einer

Wiege ein ganz kleines Wesen mit schwarzen Haaren und den kleinsten Händen und Fingern, die ich je gesehen hatte. Es bekam den Namen Lydia.

Alles kam natürlich ganz anders, und meine Träume verflogen im Nu. Das Kind betreute eine private Kinderschwester namens Gaube, eine Deutsche. Sie trug immer eine braune Uniform und auf dem Kopf eine kleine Haube. Das Kind wurde in eine Wiege gesteckt und mit weißen Vorhängen völlig von der Umwelt abgeschirmt. Schwester Gaube war sehr streng und verbot mir, mich der Wiege zu nähern. Das konnte ich ganz und gar nicht verstehen und fühlte mich beiseite gedrängt, wodurch die aufkommende Liebe zu meiner Schwester im Keim erstickt wurde. Ich wandte mich einfach von ihr ab. Ich wollte und konnte nicht mehr. Von meiner kindlichen Verzweiflung befreite mich aber eine neue, vielleicht die wichtigste Phase meines Lebens.

In der Schule

Am 1. September des gleichen Jahres, 1928, führte mich mein Großvater zum ersten Mal in die Schule. Das Gebäude gehörte zu den Pfarrhäusern hinter der Kirche. Meine Klasse – die 1 A – lag im ersten Stock, wohin man über eine abgenutzte Holzstiege gelangte.

Im Winter wurde in einem Kachelofen geheizt. Meine Lehrerin hieß Anna Sedláčková. Sie wurde neben meinem Vater zur wichtigsten Person. Sie führte uns gewissenhaft und sorgfältig von der ersten bis zur fünften Klasse. Wenn die Schule die Grundlage fürs Leben ist, dann haben wir diese von ihr bekommen. Ich liebte die Schule und die Frau Lehrerin. Frau Sedláčková war hochgewachsen, schlank, unbestimmten Alters. Die dunklen, glatten Haare waren am Hinterkopf geknotet. Sie war liebenswürdig und hilfsbereit, nahm ihren Beruf sehr ernst.

Ich lernte schnell und leicht. Die Hausarbeiten hatte ich immer in Ordnung, hauptsächlich wohl, weil ich der Lehrerin eine Freude bereiten wollte. Die Schulbank teilte ich mit Věra, mit der ich gleich Freundschaft fürs Leben schloß. Sie hatte keine Geschwister, und ich kam mir selbst einsam vor.

Věra, deren Vater Herrenschneider war, wohnte gleich hinter unserem Haus, was meinen Besuchen bei ihr förderlich war. Was Věra tat, machte ich auch. So nahm ich zum Beispiel mit ihr an der Fronleichnamsprozession teil. Věras Mutter richtete für mich ein weißes Kleid und das Körbchen mit den Blütenblättern her, und ich konnte stolz neben Věra durch die Stadt ziehen. Ich war ganz sicher, daß man zu Hause nichts merken würde, denn meine Mutter vor allem kümmerte sich um solche Feiern ganz und gar nicht. Nach der Prozession zog ich mich bei Věra wieder um und ging heim, als ob nichts vorgefallen wäre.

Wir waren auch sportlichen Aktivitäten durchaus zugetan. Wir turnten im Verein Sokol und besuchten regelmäßig die Sportplätze für Leichtathletik und Tennis. Dort spielten wir mit alten Schlägern und Bällen, zählten englisch (auch wenn wir nichts davon verstanden) und kamen uns wie internationale Champions vor.

Neben dem Sportplatz gab es eine Badeanstalt mit Holzkabinen. Das Wasser im Becken kam vom nahe liegenden Bach, den wir aber stolz Fluß nannten. Wir lernten schwimmen und ins Wasser springen. Der Badeanzug war uns lästig. Damals gab es nur solche aus Wolle, die wurden nie richtig trocken und juckten.

Für den Winter hatten wir lange und schwere Ski, auf denen wir die niedrigen Hügel der Umgebung erkundeten, wobei wir uns wie in den Alpen vorkamen. Auch Schlitten und Schlittschuhe kamen an die Reihe, wobei wir versuchten, es Sonia Henie gleichzutun, die wir aus der Wochenschau im Kino kannten.

Auch in den anderen Jahreszeiten verbrachten wir viel Zeit in der Natur – auf den Wiesen, an den Flüssen und Teichen und in den Wäldern. Dort waren wir in unserer Freizeit häufiger zu finden als zu Hause.

Dann endete das schöne Leben in der Volksschule, und die Zeit fürs Gymnasium kam. Unsere verehrte und von mir besonders geliebte Lehrerin Anna Sedláčková wurde bald darauf in eine andere Stadt versetzt. Ich habe sie nie mehr wiedergesehen. Oft sehnte ich mich nach ihr, und niemals habe ich sie vergessen.

Jüdische Feiertage

In der Stadt und deren Umgebung lebten nur einige jüdische Familien, die sich vom allgemeinen Milieu in keiner Weise unterschieden. Jeder ging irgendeiner Beschäftigung nach – im Büro, Geschäft oder in der Landwirtschaft. Alle Kinder gingen in die gleiche Schule. Sie sprachen Tschechisch, turnten im Sokol. Die Juden lebten seit Menschengedenken in Böhmen. Sie kamen sich weder minderwertig noch wie etwas Besonderes vor. Man aß die gleichen Speisen und trank das gleiche Bier.

Nur an religiösen Feiertagen merkte man den Unterschied. Zu Weihnachten gab es in jüdischen Familien keinen Christbaum, und zu Fronleichnam nahm niemand an der Prozession teil – außer mir.

Aber es gab natürlich jüdische Feiertage. Um Ostern war es Pessach, im Herbst dann hintereinander das jüdische Neujahr und Jom Kippur – das Versöhnungsfest. Für mich hatten diese Feiertage nur wegen des Essens Bedeutung. Entweder gab es einen Festschmaus – oder gar nichts. Einfach fasten. Zu Jom Kippur durfte man 24 Stunden nichts essen und trinken. Ich wußte nicht recht, warum, und deshalb hielt ich mich einfach nicht daran. So wurde es für mich ein besonderer Festtag. Unsere Katty und Anča machten für sich Kartoffelpuffer, die wir sonst niemals bekamen. Und auf sie freute ich mich das ganze Jahr im voraus. In unserer Stadt existierte keine Synagoge, es gab nur eine Betstube in der ersten Etage eines normalen Hauses. Dort stand ein Pult, auf dem die auf zwei Rollen aufgewickelte Thora lag, wenn daraus zur bestimmten Stunde am Sonnabend einen Abschnitt der Heiligen Schrift in hebräischer Sprache laut vorgelesen wurde. Ein hierzu gastweise gekommener Kantor wies mit einem aus Silber gegossenen Zeigefinger auf die entsprechende Stelle. Auch sang er traurige Weisen in der fremden Sprache. Hinter dem Pult stand ein Schrein, der von einem schweren Vorhang mit goldenen und silbernen Stickereien bedeckt war, zu jeder Seite des Pults in Reihen mehrere Bänke – links für Männer, rechts für Frauen.

Mein Großvater hielt die Feiertage streng ein, was für Angehörige der älteren Generation eine Selbstverständlichkeit war.

In die Betstube nahm er immer einen weißen wollenen Umhang mit schwarzen Streifen an bestimmten Stellen – den sogenannten Thallit – mit und trug ihn beim Beten. Auch mein Vater achtete die religiösen Feiertage und ihre Gebote, vielleicht aus Traditionsbewußtsein, mehr wohl aus Rücksicht auf Großvater. Wahrscheinlich hat er moderner gedacht. Aber das weiß ich nicht.

Für meine Mutter hatten die Feiertage ihre Konsequenzen bei der Führung des Haushalts. Im Frühjahr und im Herbst wurde dann gewaschen, geputzt, überall aufgeräumt sowie die entsprechenden Vorbereitungen für die einzelnen großen Mahlzeiten geplant und durchgeführt. Auch sie ging in die Betstube, weniger aus innerem religiösem Bedürfnis, sondern einfach weil es sich eben gehörte. Die Zusammenkünfte mit den anderen Frauen waren ein kleines gesellschaftliches Ereignis. Jede der Damen hatte ihr hebräisch gedrucktes Gebetbuch, in dem man von rechts nach links las, offen vor sich liegen – aber oft gab man dem Gedankenaustausch über die Kinder und den Haushalt den Vorrang.

Zu Jom Kippur nahm man zum langen Gottesdienst einen frischen Apfel mit, in dem Gewürznelken steckten. Der starke Geruch sollte helfen, den Hunger zu vergessen und einer Ohnmacht zu entgehen. Ich freute mich alljährlich auf die Vorbereitung der Äpfel und geizte nicht mit meiner Phantasie bei der ornamentalen Anordnung der Gewürznelken in den Pausbacken der Äpfel.

Mich störte an den jüdischen Feiertagen einzig und allein, daß ich an diesen Tagen der Schule fernbleiben mußte. Auch mit dem Tragen meines Sonntagskleids etwa an einem Mittwoch oder Freitag kam ich nicht zurecht. Ich wollte nicht ausgesondert und zum Schauobjekt werden. Meine Mitschüler benahmen sich bei zufälligen Treffen so, als ob sie mich nicht kennen würden. Und ich sah doch genau wie sonst aus. Ich haßte die unsichtbare Kluft, die mich in solchen Augenblicken von den anderen trennte.

Eines Tages erfuhren wir von Vater, daß wir ein Auto bekämen. Das war damals durchaus noch eine Rarität. Vater hatte sich für einen Wagen der Firma Peugeot entschieden, und eines Tages stand er vor dem Haus. Damals mußte man den Motor noch mit einer Kurbel anlassen. Zur ersten Ausfahrt der Familie hatte sich Vater seinen neuen Chauffeuranzug mit Kappe, großen Handschuhen und Brille an einem Gummiband angezogen und machte sich so am grünen Wagen zu schaffen. Mich störte, daß die Fenster nicht ganz klar waren und die Sicht nach außen behinderten.

Alle blickten gespannt dem großen Ereignis entgegen. Der Start gelang, das hatten wir glücklich hinter uns. Dann begann es zu regnen, was unsere Vorfreude auf die Fahrt ins Grüne etwas minderte. Plötzlich jedoch, inmitten der Felder am Stadtrande, die wir inzwischen erreicht hatten, kippte das Auto unversehens nach links, wir mußten anhalten und aussteigen. Ein Rad hatte sich vom Wagen gelöst und war im Gebüsch verschwunden. Mein Bruder und ich bekamen die Aufgabe, das ungehorsame Rad zu suchen, während Vater auf der Straße nach verlorenen Schrauben und Muttern spähte. Weit und breit war kein Mensch zu sehen. Die Reparatur gelang schließlich, die gute Laune jedoch war verflogen. In nassen und beschmutzten Kleidern traten wir mißmutig die Rückfahrt an. Mutter fügte noch ein paar hämische Bemerkungen hinzu und verdarb so Vater vollends seine Freude am neuen Auto.

Für längere Zeit hatte ich das Vertrauen zum Auto verloren und verließ mich vorerst weiterhin auf meine Füße und die Eisenbahn.

Grund zur Aufregung im etwas eintönigen Lauf der Dinge bot allmonatlich die große Wäsche, die jeweils eine ganze Woche in Anspruch nahm. Die Wäscherin nahm ihren Platz im Keller ein, aus dem dann den ganzen Tag Dampf nach außen drang. Zuerst wurden alle Wäschestücke eingeweicht, dann in einem großen hölzernen Trog auf einer Rumpel vom Schmutz befreit, im Kessel ausgekocht, nachher mit Waschblau und Stärke wieder salonfähig gemacht.

Das größte Problem brachte immer wieder das Trocknen der Wäsche. Das hing natürlich vom Wetter ab. Wenn es schön war, wurden die nassen Stücke einfach auf Leinen im Hof aufgehängt. Wenn es aber regnete, mußte man die Körbe auf den Dachboden tragen und dort die Wäsche trocknen lassen, was natürlich länger dauerte. Manchmal aber gab es plötzlich Regen, und dann mußten alle, die zu Hause waren, so schnell wie möglich den Umzug vom Hof zum Dachboden bewerkstelligen.

In der Küche wurde später die Wäsche sortiert, wofür Mutter ihre besondere Methode hatte. Vor dem Bügeln mußten die Wäschestücke eingesprengt und die großen Stücke der Länge nach ausgezogen werden. Dann mußte man die Wäsche im Handbetrieb mangeln, und schließlich ging es ans Bügeln, was Mutter mit Katty und Anča verrichtete. Manchmal mußte allerdings auch ich aushelfen.

Das Bügeleisen hatte einen Hohlraum und hinten ein verschließbares Loch. Dorthin legte man ein vorher im Ofen zum Glühen gebrachtes Eisen, mit einer speziellen Zange, versteht sich. Damit das Bügeleisen ein Wäschestück nicht versengte, mußte es erst auf einem Stück Papier ausprobiert werden. Nachher wurde jedes Stück nach Maß zusammengelegt und dann gestapelt. Nach Beendigung des Bügelns sah es in der Küche wie bei einer Militärparade aus.

Jugoslawien

Mit dem Besuch des Gymnasiums begannen neue Sorgen. Mehr Lehrstoff, neue Fächer, weniger Freizeit. Und ein neues erregendes Element. Unsere Klasse besuchten auch Jungen.

Das brachte uns ums seelische Gleichgewicht. Bald hatte jedes Mädchen seinen Favoriten. Unser endloses Gekicher und wandernde Briefchen führten zu Unruhe im Unterricht, der darunter litt. Aber wir fanden es aufregend, und wenn wir sogar in Begleitung nach Hause gehen konnten, waren wir außer uns vor Glück. Sonntag vormittags war am Hauptplatz ein Korso, der auch von Offizieren der örtlichen Garnison besucht wurde. Hauptsächlicher Sinn des Korsos war, sehen und gesehen werden. Mit den Augen wurde jedenfalls heftig geflirtet, und wenn die Blicke vom Richtigen erwidert wurden, war die Welt in Ordnung.

Als ich gerade zwölf Jahre alt war, verliebte ich mich das erste Mal so richtig. Für die Sommerferien wurde mein Bruder in ein

Pfadfinderlager geschickt, während meine Mutter mit mir und meiner Schwester ans Meer fuhr. Das war etwas ganz anderes, als auf dem Land im Teich zu baden. Für die Reise und den Aufenthalt in Jugoslawien wurden wir reichlich neu ausgestattet. Wir fuhren mit dem Zug, und ich konnte es gar nicht erwarten, erstmalig das Meer zu sehen. Endlich war es soweit, und mir schien, daß sich mir eine neue, unbekannte Welt öffnete.

Wir wohnten in einem schönen großen Hotel, hatten ein Zimmer mit Balkon und Meerblick. Am Strand durften wir eine eigene Kabine benutzen. Wir konnten gar nicht lange genug am Strand sein, und abends freuten wir uns seines Anblicks wenigstens von der Promenade, die an unserem Hotel vorbeiführte.

Auf dieser Promenade hatte seinen Platz auch ein Junge mit einem am Hals hängenden Tablett, von dem er kandiertes Obst, glacierte Äpfel und Stielbonbons verkaufte. Er skandierte dazu irgendeinen Reim in einer Sprache, die der tschechischen verwandt zu sein schien. Sein Vers hatte Rhythmus, aber keine Melodie. Mir gefiel der Junge über alle Maßen. Er hatte schwarze Augen, braungebrannte Haut und hieß Rajko.

Wenn Mama im Hotel ruhte, schlich ich mich insgeheim auf die Promenade und half Rajko beim Verkauf seiner Ware. Ich versuchte seinen Reklameruf genau zu intonieren, was mir so gut gelang, daß mich jeder für eine Einheimische hielt.

So gingen wir miteinander und brachten unsere guten Sachen unter die Leute, begleitet von etwas, das etwa so geklungen hat:
Mindoli, Mandoli,
Karameli,
Kysely vesely
London bombon
Ris Paris
Aaafrika Paaaprika
Durch meine Mithilfe steigerte sich Rajkos Umsatz beträchtlich.

Manchmal gingen wir aber auch Hand in Hand nur so durch den Sand und schauten auf ein weißes Schiff draußen – und ich stellte mir vor, daß wir beide auf diesem Schiff ins Blaue fuhren, ganz allein.

Meine Träume zerstoben jedoch, und eines Tags mußte ich mit Mutter und Schwester – ohne Rajko – die Heimreise antreten. Ein neues Schuljahr begann.

Piano

Nach den Ferien kam ich mir sehr erwachsen vor. So wollte ich mich entsprechend benehmen und beschloß daher, mit dem Rauchen zu beginnen. Allein wollte ich das nicht tun und überredete daher Věra, es auch zu versuchen. Als meine Eltern für zwei Tage nach Prag gefahren waren, kauften wir uns ein Päckchen Zigaretten der billigen Marke Vlasta und waren eigentlich überrascht, daß wir zehn Stück bekommen hatten, denn das schien uns reichlich zu sein. In unserem kleinen Zimmer glaubten wir für Atmosphäre sorgen zu müssen. Also wurden die Vorhänge zugezogen, intime Beleuchtung angeknipst, und das Grammophon spielte die Platte mit dem damaligen sentimentalen Schlager »Ramona«. Dann zündeten wir umständlich die Zigaretten an und setzten uns mit übergeschlagenen Beinen hin – wie wir es aus Filmen abgeguckt hatten. Erst begannen wir zu husten, dann machte Věras Magen nicht länger mit – aber unsere Reifeprüfung hatten wir nach meiner Meinung bestanden.

Ich begann privat mit Klavierstunden. Zu Hause hatten wir einen alten Flügel, den Mutter in die Ehe gebracht hatte. Niemand benutzte ihn, und so waren seine Saiten bald verstimmt und die Mechanik fehlerhaft. Doch das konnte in Ordnung gebracht werden.

Privaten Klavierunterricht gab Frau Professor Kurz, die mehrmals in der Woche am Prager Konservatorium beschäftigt war und daher daheim nur wenigen Schülern Unterricht erteilte. Ihr Mann hatte eine Arztpraxis. Sie selbst war Deutsche, und ihre musikalische Ausbildung war in deutscher Tradition erfolgt, die sie auch an ihre Schüler weitergab. Technik bildete die Grundlage des Spiels, Tonleitern rauf und runter. Unausgesetzt. Sie war sehr streng. Mich störte das ganz und gar nicht, denn ich wollte lernen und saß stundenlang am Piano, um zu üben. Bald machte ich erkennbare Fortschritte, für die allerdings meine Stiefmutter nicht das richtige Verständnis aufbrachte. Sobald sie mich spielen hörte, fing sie an:»»Schon wieder sitzt du an dem Klimperkasten. Du solltest lieber deine Socken stopfen oder deinen Schrank aufräumen. Das wäre nützlicher.« Also zog ich mir weiche Wollhandschuhe an und hoffte, daß sie mich dann nicht mehr hören würde. Mein Vater mit seinem musikalischen Talent unterstützte mich jedoch, gelegentlich nahm er sogar seine Geige, um mit mir zu musizieren. Das waren für mich stets Augenblicke großer Freude und Genugtuung.

Wenn ich mich jedoch beschwerte, ein Stück sei zu schwer für mich, bekam ich prompt zu hören:

»Sage niemals, daß du etwas nicht lernen kannst. Denke daran, daß ein Elefant im Zirkus lernen muß, auf Flaschen zu stehen. Lernen kann man alles, wenn man nur will.«

Mein Vater war immer Optimist und ein wunderbarer Erzähler von Begebenheiten aus dem Ersten Weltkrieg, den er als Soldat mitgemacht hatte. Am liebsten erzählte er beim Abendessen, das immer für sieben Uhr angesetzt war und dem man niemals ohne guten Grund fernbleiben durfte. Zwischen die einzelnen Episoden, die er auftischte, streute er Lebensweisheiten, die zumeist an mich gerichtet waren. So erinnere ich mich daran, daß er sagte:

»Verlange niemals zuviel vom Leben. Es genügt, wenn du ein wenig mehr hast, als du brauchst. Im Lauf der Jahre lernt man viele Leute kennen. Beurteile sie nicht danach, wie sie ihr Geld verdienen, sondern danach, wofür sie es ausgeben. Schau dich immer gut um. Beobachte und lerne! Der Mensch soll sich, so gut es geht, entwickeln und vervollkommnen. Aber ohne Streberei – wenn ein Zwerg auf einen hohen Berg klettert, bleibt er doch ein Zwerg.«

Viele dieser Weisheiten fielen bei mir auf fruchtbaren Boden, manche begriff ich erst später in ihrem vollen Umfang.

Im Leben und im Geschäft war Vater mutig und immer seiner Zeit voraus. Er interessierte sich schon damals für die Gewinnung von Benzin aus Braunkohle und sah dafür bei uns gute Voraussetzungen. Er verstand es, einen hervorragenden Chemiker aus Berlin und einen Prager Rechtsanwalt zu interessieren, und sie gründeten gemeinsam eine Gesellschaft, die mein Vater finanzierte.

Mutter war entschieden dagegen, sie prophezeite das Scheitern solcher Pläne und versuchte zu warnen. Vergebens! Sie behielt recht. Der Chemiker verschwand eines Tages spurlos, der Advokat beging Selbstmord, und mein Vater verlor einen großen Teil seines Vermögens. Doch er bedauerte nichts.

»So geht es eben im Leben. Mit jedem Risiko ist auch die Möglichkeit eines Mißerfolgs und Verlusts verbunden.«

Er wandte sein ganzes Augenmerk wieder dem Geschäft mit Eisen und Eisenwaren zu und glich bald alle Verluste völlig aus.

Tanzstunden

Wir wurden allmählich erwachsen in einer Welt, die schön und sicher erschien. Das Streifen durch die Natur genügte nicht mehr, wir mußten gesellschaftlichen Schliff bekommen und deshalb Tanzstunden absolvieren. Das hieß zunächst, neue Kleider nähen lassen und elegante Schuhe aussuchen. Grund genug für Aufregung. Erst recht die Frisur! Das war eine lange und nicht immer erfreuliche Prozedur. Manchmal kam ich mir wie in mittelalterlichen Folterkammern vor, einem unbekannten Schicksal entgegensehend. Für abwegige Gedankenspiele war allemal viel Zeit während des langen Wartens auf das Gelingen der Dauerwelle. Auch hatte ich Angst. Was, wenn etwas passiert, gar Feuer ausbricht und ich mich nicht rühren kann, eingespannt in Drähte und Röllchen? Zum Schluß kam ich mir wie ein Schäflein mit seiner putzigen Wolle vor. Ob Mama das gewollt hatte? Jedenfalls war es das Ergebnis.

Abends dann ging es in den großen Saal der Turnhalle. In einer Ecke standen die jungen Herren in engen Anzügen und glänzenden Schuhen mit viel Brillantine auf den Haaren. Die Mädchen versammelten sich in der Ecke gegenüber. Wir beäugten einander und versuchten festzustellen, wer das schönere Kleid hatte. Die Mütter, jetzt Gardedamen genannt, begleiteten von den Stühlen an den Längsseiten des Raums erwartungsvoll mit ihren Blicken das weitere Geschehen. Spannung herrschte, wer mit wem tanzen würde.

Herr Kalivoda, der Tanzmeister, ordnete die Paare und begann vorsichtig die Kombination der gehörigen Schritte sowie den entsprechenden Unterschied im Rhythmus für Foxtrott, langsamen Walzer und Tango zu erklären. Wir rutschten auf dem glatten Parkettboden aus und spürten, wie unsere neuen Schuhe getreten wurden. Auf den neuen Kleidern hinterließ manch eine schwitzende Hand ihre Spur.

Den Schluß der Tanzstunden bildete der Abschlußball, für den wieder ein neues Kleid hermußte. Dann war die Saison beendet.

Reisen nach Prag

Mutters ganze Familie lebte in Prag – nur ihre Schwester, Tante Irma, wohnte in Kolín. Zweimal im Jahr fuhren wir auf Besuch zur Großmutter. Die Vorbereitungen, die Aufregung! Am Tag vorher wurde Reiseproviant vorbereitet. Auf der langen Reise sollte niemand Hunger haben. Ein Korb wurde mit Schnitzeln, sauren Gurken, harten Eiern, Buttersemmeln, Obst und Limonade sorgfältig gefüllt. Die Entfernung war doch groß, ganze 71 Kilometer. Wir mußten früh aufstehen, damit wir den Zug nicht verpaßten. Am Bahnhof verfolgten wir neugierig, wie Mutter am Schalter die Fahrkarten erstand.

Am Bahnsteig sahen wir den hin und her eilenden Stationsvorsteher mit seinem Schnurrbart. Er hielt eine große Glocke in der Hand und widmete von einem bestimmten Augenblick an seine ganze Aufmerksamkeit der Ankunft des Zuges. Sobald er über dem nahen Wald eine Dampffahne erblickte, begann er die Glocke zu läuten und gleichzeitig die Ortsnamen aller Stationen bis nach Prag auszurufen.

Man mußte die hohen Stufen der Eisenbahnwagen erklimmen und schnell ein Abteil suchen. Kaum hatten wir Platz genommen, begannen wir zu essen. Das Fenster durften wir nicht öffnen, damit uns kein Ruß von der Lokomotive in die Augen flog. Nach einer halben Stunde waren wir schon in Beroun, wo man direkt am Zug »heißewürstellimonadezeitungen« feilbot. Mutter kaufte immer jedem etwas. Wenn sich vor Prag der Smíchover Eisenbahntunnel näherte, galt es schon, sich aufs Aussteigen vorzubereiten und vor allem die engen weißen Zwirnhandschuhe anzulegen. Die haßte ich und ihretwegen ganz Smichov. Am Prager Wilson-Bahnhof herrschte immer riesiger Betrieb: Menschen, Gepäck, Lärm, Träger, Zeitungsverkäufer. Prag war eben die große Welt.

In Omas Wohnung erwartete uns schon der gedeckte Kaffeetisch, in dessen Mitte ein mit Mandeln gespickter Napfkuchen stand. Die ganze Familie versammelte sich allmählich, was einfach war, denn alle bewohnten das gleiche Haus in der Teyngasse. Anwesend waren auch meine drei gleichaltrigen Vettern: Harry, Peter und Fritz. Mit ihnen konnten wir uns unterhalten und neue Spiele kennenlernen, während sich die Erwachsenen ernsteren Dingen widmeten.

Am nächsten Tag besuchten wir das Café Boulevard am Wenzelsplatz, wohin auch alle Tanten – ich glaube, es waren fünf – eingeladen waren. Am selben runden Tisch am großen Fenster in der ersten Etage des Hauses begrüßten sie mich jedes Jahr mit den stereotypen Worten: »Du bist aber groß geworden! Und was macht die Schule?«

Ich wußte niemals eine vernünftige Antwort. Außerdem interessierte mich das Geschehen ringsum mehr als die Tanten. Ein ständiges Kommen und Gehen umgab uns, die Leute unterhielten sich ziemlich laut, lachten. Mittendrin balancierten Kellner im Frack ihre Serviertabletts mit Kaffee, Kuchen, belegten Brötchen und anderen Speisen. Ein Pikkolo in roter Uniform mit goldenen Knöpfen und einem Fez auf dem Kopf eilte mit einer Tafel, die er an einem Stock hochhielt, hin und her und rief ständig den dort notierten Namen ans Telephon.

Wenn es regnete, gab es am Abend eine besondere Attraktion. Die bunte Lichtreklame einer Zeitung spiegelte sich im nassen Pflaster, und am Haus konnte man die neuesten Nachrichten in schnell sich bewegender Leuchtschrift lesen. Dazu die strahlenden Schaufenster von noblen Geschäften in herrlichen Gebäuden, bimmelnde Straßenbahnen, Autos und ein wenig weiter die Moldau mit der Burg auf dem Hradschin.

Prag war ein Traum – alles sah ganz anders aus als daheim.

Politische Gewitterwolken

Aus Deutschland, das uns damals sehr weit weg zu liegen schien, fast wie auf einem anderen Planeten, sickerten Nachrichten von einem neuen politischen Regime durch, das der dortige Reichskanzler Adolf Hitler eingeführt hatte. Der Rundfunk verbreitete einige seiner politischen Ansprachen auf Massenkundgebungen, und alles klang wie bei jedem Fanatiker, der brüllt, tobt und droht. Niemand nahm ihn ernst, obwohl er ständig mehr und mehr Parteigänger in braunen Uniformen um sich versammelte. Meine Mutter hörte nur ungern zu, und Vater ignorierte das ganz und gar.

»Das geht uns nichts an«, meinte er, »den Hitler haben sie in Deutschland, und wir leben in der Tschechoslowakei. Unser Präsident ist Masaryk, und nirgendwo gibt einen besseren Staatsmann.« Das Leben ging seinen normalen Gang, und an Deutschland dachte niemand.

An einem Sonnabend vor Ostern stand ich inmitten der Menge, die vor dem Parlament erregt auf Väterchen Masaryk wartete. Bisher hatte ich ihn noch nie gesehen. Ich kannte nur sein Porträt, das in jedem Klassenzimmer und allen Amtsstuben hing. Kurz vor zwölf Uhr kam Bewegung in die Versammlung, und man hörte Rufe: »Er ist schon da!«

Er war wirklich gekommen; in seinem weißen Anzug, der wie eine Uniform wirkte, saß er auf seinem Pferd, sprang behende ab und lief mit dem Elan eines Jünglings die breite Treppe zum Eingang hinauf. Mir stockte der Atem, da ich ihn mit meinem Blick verfolgen konnte – unseren unersetzlichen Masaryk, der plötzlich unwirklich wie eine lebendig gewordene Statue wirkte, wie eine Vision. Vor Freude und Aufregung begann ich zu weinen – und wußte, daß es sich um ein unauslöschliches Erlebnis handelte.

Weil ich in Masaryks Republik aufwachsen durfte, fühlte ich mich erhaben über alle Völker der Erde.

Bald hing überall neben Masaryks Bild auch das von Eduard Beneš, der nach Masaryks freiwilligem Rücktritt aus Altersgründen zum nächsten Präsidenten der Republik gewählt worden war. Nichts veränderte sich – im Gegenteil: Wir hatten jetzt zwei Beschützer.

Am 14. September 1937 starb T. G. Masaryk. Alle trauerten zutiefst um den großen Präsidenten, den Befreier. Einen Menschen wie ihn wird unser Volk wohl nie mehr sehen.

Wir standen am Fenster einer Wohnung neben dem Wilson-Bahnhof und konnten beobachten, wie sich der Trauerzug mit dem Katafalk, auf dem der Sarg ruhte, in Richtung Schloß Lány in Bewegung setzte. Die Leute knieten nieder und beteten. Nicht nur für seine Seele, sondern fürs Vaterland und dessen künftiges Schicksal. Vielen war es ums Herz, als seien die letzten Tage einer freien Tschechoslowakischen Republik angebrochen.

You Are My Lucky Star

Mein Leben begann schärfere Konturen anzunehmen, bewirkt durch kleine Ursachen, die gar nicht miteinander zusammenhingen.

Aus Hollywood kam der Film *Broadway Melody* zu uns. Er enthielt einige Musiknummern, die schnell zu Schlagern wurden. Das hatte mit mir nichts zu tun. Und doch. Wir waren wieder einmal zu Besuch bei Großmutter in Prag. Mein Vetter prahlte, daß er schon eine Grammophonplatte mit den Liedern aus dem Film besitze. Also forderten wir ihn auf, uns etwas daraus vorzuspielen.

Er legte die Platte auf, setzte die Nadel an die richtige Stelle, und wir hörten eine einnehmende Stimme mit dem Lied »You Are My Lucky Star«. In meiner Erinnerung verschmolz diese Stimme mit Fred Astaire, den ich sehr bewunderte. (Erst heute weiß ich, daß Frances Langford das Lied gesungen hat.)

Ich verstand kein Wort, war aber absolut fasziniert. Wir ließen das Stück so oft wiederholen, daß ich es von Anfang bis zum Ende auswendig konnte. Ich sang nach, rein phonetisch, ohne zu wissen, was die Worte bedeuteten. Das war mir jedoch völlig gleich, mir genügte die Überzeugung, daß ich auf englisch singen konnte. Dann aber kamen doch Zweifel und ich beschloß, um jeden Preis die englische Sprache zu erlernen. Was zunächst keinen Sinn hatte, in der Familie und Schule sprach niemand Englisch. Und in Großbritannien kannte ich niemanden. Also wozu eigentlich?

Eine innere Stimme mahnte mich aber, daß ich diese Sprache in Zukunft sehr wohl brauchen würde. Doch dabei blieb es vorläufig.

Die hysterischen Drohungen Hitlers verstärkten sich, noch schlimmer war, daß er damals bereits die Hälfte des deutschen Volkes hinter sich hatte. Und wir mußten mit wachsender Unruhe das sich ständig wiederholende, immer stärker werdende »Sieg Heil« aus dem Radio anhören.

Mutter begann sich mehr und mehr zu fürchten, doch Vater versuchte sie zu beruhigen, indem er sagte: »Hitler kann uns nichts anhaben. Und wenn er es doch versuchen sollte, wird er sein blaues Wunder erleben. Wir haben eine ausgezeichnet ausgebildete Armee, befestigte Grenzen und dazu Verträge mit befreundeten Ländern über gegenseitige Hilfe. Also nur Ruhe und keine Angst!«

Ferien 1938 und Dr. Mandelík

Für den Sommer des Jahres 1938 war keine Ferienreise geplant, und wir verbrachten die Zeit im Wald, beim Baden und auf dem Tennisplatz. Es war damals heiß, ja schwül, und auf den Straßen wirbelte der Staub.

Mutter beschloß, mich für 14 Tage zu ihrer Schwester Irma nach Kolín zu schicken. Darauf freute ich mich. In meinem Vetter Pavel und dessen Schwester Věra hatte ich gute Partner für alle Arten von Zerstreuung. Dazu gehörte auch der häufige Besuch eines Tennisklubs. Dorthin ging ich manchmal auch allein, und eines Tages wußte ich nicht recht, wie ich gegen Abend nach Hause kommen sollte.

Plötzlich fragte mich ein mir unbekannter Tennisspieler, ob er mich seinem Auto nach Hause bringen könne. Er hatte wahrscheinlich mein etwas ratloses Herumstehen am Tor richtig eingeschätzt. Er kam mir schon etwas älter vor, so um 28, hatte lockiges rötliches Haar und trug eine Brille.

Ich bedankte mich artig und nahm sein Angebot gern an. Wir stiegen in seinen großen Wagen der Marke Hudson, und im Nu war ich vor der Wohnung meiner Tante. Er lud mich gleich für den nächsten Tag zu einem Fünf-Uhr-Tee in Poděbrady ein, und ich sagte ohne Bedenken zu. Seine Worte klangen verlockend und romantisch.

Tante Irma hatte unser Kommen bemerkt und war vor Aufregung außer sich. »Weißt du überhaupt, wer das ist, mit dem du da gekommen bist?« Ich verneinte und sagte, daß sich der junge Herr nicht vorgestellt hatte.

»Das war doch der Dr. Mandelík!« teilte sie mir atemlos mit. In ihrer Stimme hörte ich Ehrfurcht und Bewunderung, als ob es sich um den Thronfolger selbst handelte. Und ich mußte Tadel einstecken für meine Unwissenheit, mit wem »Aschenbrödel« da die Ehre gehabt hatte.

Die Familie Mandelík aus Ratboř bei Kolín war sehr bekannt, wegen ihres Reichtums geschätzt und geachtet, galt auch als nobel. Örtliche Aristokratie. Sie besaß eine Anzahl von Zuckerfabriken, mit deren Erzeugnissen sie Geschäfte in der ganzen Republik und im Ausland versorgte. Inhaber der Firma waren drei Brüder, von denen einer mit seiner Familie in Ratboř lebte und sich dort um die Produktion kümmerte, während der zweite von Prag aus den Verkauf leitete. Der dritte Bruder lebte in Paris.

Der Bruder aus Ratboř hieß Robert und hatte mit seiner Frau Olga die Tochter Hana sowie den Sohn Bernard, meinen Chauffeur, der Doktor der Chemie war und nach und nach die rein technische Leitung der Betriebe übernehmen sollte. In Ratboř wohnten sie in einem Schloß.

Tante Irma ließ es sich nicht nehmen, noch am gleichen Abend meine Mutter anzurufen und ihr zur großartigen Partie ihrer Tochter zu gratulieren – und ich wußte noch nicht, wie der junge Mann eigentlich hieß.

Mutter quittierte die Nachricht lässig mit den Worten: »Na also, wer hätte gedacht, was in dem Mädel steckt.« Ein etwas verächtlicher Ton war nicht zu überhören, aber trotzdem verbreitete sie die Nachricht sofort in der ganzen Verwandtschaft, denn etwas vom zukünftigen Glanz der Braut wollte sie doch mitbekommen.

Die Nachricht machte in der ganzen Familie Furore, wurde von Mund zu Mund ausgeschmückt und mit Details angereichert, so daß am Schluß niemand daran zweifelte, daß ich den Dr. Mandelík heiraten würde.

Am nächsten Tag kam Herr Mandelík pünktlich mit seinem schwarzen Auto, um mich abzuholen, und wir fuhren nach Bad Poděbrady. Im Wagen erhielt ich als Geschenk eine große Bonbonniere. Er machte daraus eine kleine Zeremonie, die mich gar nicht freute, denn ich mußte daran denken, ob er wohl etwas von mir wollen konnte. Ich war erst sechzehn und hatte mit älteren Herren keine Erfahrungen. Er verlangte nichts. In Poděbrady ließ er mich mit Tee und Kuchen bewirten, und dann fuhren wir wieder heim. Mein Aufenthalt bei der Tante neigte sich dem Ende zu, und in den fünf verbleibenden Tagen unternahmen wir noch zwei Ausflüge in die Umgebung. Er erzählte mir von seiner Familie, auch von seiner Arbeit. Als er im Auto seine Hand auf mein Knie legte, erschrak ich und machte mir wegen der Bonbonniere Vorwürfe, weil ich doch einen Zusammenhang mit anderen Dingen befürchtete.

Wahrscheinlich machte sich auch mein Vater Sorgen, denn er nahm mich beiseite und gab mir als Warnung folgende Sätze auf den weiteren Lebensweg mit: »Im Leben kannst du alles haben, was du willst. Die Dinge liegen vor dir auf einem großen Tisch, und du brauchst nur nach ihnen zu greifen. Aber vergiß eines nicht: Auf jedem Ding, das du dir vom Tisch nimmst, steht auf der Rückseite ein Preis, den du bezahlen mußt. Überlege dir also sorgfältig, ob es dafürsteht, diesen Preis zu bezahlen.«

Ein neues Schuljahr begann. Dr. Mandelík schickte mir lange Briefe in die Schule, mit denen ich vor den Mitschülerinnen prahlte, vor allem weil sie auf der Rückseite des Umschlags ein großes rotes Wachssiegel mit dem Familienwappen und dem Monogramm des Absenders trugen. Ich bekam auch Bücher mit tschechischer Poesie, älterer und neuerer, wodurch sich mir durchaus neue Horizonte eröffneten. Plötzlich kam ich mir wichtig vor, aber verliebt war ich nicht.

Das Ganze hielt ich für ein gewiß schmeichelhaftes Abenteuer aus der Ferne, aber an irgendeine engere Bindung dachte ich nicht.

Jenseits der Grenzen mit Deutschland blitzte es – Hitler bestand darauf, sich das Sudetenland einzuverleiben, sogar mit Gewalt. Freiwillig wollte und konnte die Regierung der Republik nichts abtreten und mobilisierte die Armee. Das Volk war ebenso wie seine Soldaten zum Widerstand bereit. Mein Vater und viele andere Männer meldeten sich zum Wehrdienst. Freiwillig.

Aber dann kam das Münchener Abkommen. Niemand wollte glauben, daß uns die Verbündeten verraten würden. Sie dachten jedoch, mit diesem Happen Hitlers Hunger stillen zu können.

Jetzt saßen wir in der Falle. Die Festungen an der Grenze waren für den Aggressor kein Hindernis mehr, denn die Armee mußte sie unter politischem Zwang kampflos aufgeben und sich traurig ins Innere des Landes zurückziehen. Das Netz über unseren Köpfen zog sich mehr und mehr zusammen. Aus dem Radio klang das »Sieg Heil« lauter und lauter.

Zunächst ging der Alltag normal weiter.

Eines Herbsttages, als meine Eltern gerade in Prag weilten, läutete Dr. Mandelík an unserer Wohnungstür. Er war wie üblich mit seinem schwarzen Hudson gekommen. Ich war entsetzt. Vollkommen unvorbereitet auf so einen Besuch. Wie sollte ich ihn aufnehmen? Was ihm anbieten? Wie geht man eigentlich mit Leuten seiner Art bei einem Besuch um? Er bemerkte sehr wohl meine Ratlosigkeit und schlug vor, zum Mittagessen nach Prag zu fahren.

Nach Prag zum Essen? So eine weite Strecke! Nach Prag fuhr ich doch nur zweimal im Jahr, und das nach entsprechenden Vorbereitungen und immer auf mehrere Tage. Also nur so zum Mittagessen? Er versicherte mir, daß das doch keine große Angelegenheit sei. Und so fuhren wir los. Direkt ins Fischrestaurant Vaňha. Dort war ich noch nie gewesen. Ich zitterte am ganzen Körper, als man vor mir allerlei Gabeln, Messer und Löffelchen auf den Tisch legte.

Um sicherzugehen, sagte ich, daß ich Fisch nicht sehr mochte. Bernard, der mir vorschlug, ihn wie zu Hause mit Béra anzureden, versicherte mir, daß es bei Vaňha nur die besten Fische gäbe, und bestellte für mich eine Forelle mit Mayonnaise. Die schaffte ich gerade noch ohne peinliche Momente. Ringsum saßen Gäste aus der eleganten Gesellschaft, und ich wünschte mir sehr, mich von ihnen nicht zu unterscheiden oder gar nicht erst dort zu sein.

Nach dem Essen schlug Béra vor, ins Kino zu gehen. Am Wenzelsplatz spielte man gerade Walt Disneys *Schneewittchen und die sieben Zwerge.* So etwas hatten wir bisher noch nicht gesehen. Dann fuhren wir im Auto wieder zurück, als ob wir von einem Ausflug in die nächste Umgebung gekommen wären. Für Béra war die Reise tatsächlich kein besonderes Ereignis. Für mich aber bildete sie ein unvergeßliches Erlebnis, ja einen Traum.

Der Winter begann, und das Jahresende näherte sich. Wie eine Bombe schlug eine gedruckte Einladung nach Schloß Ratboř zum Abendessen am Weihnachtsabend ein. Das war eine Auszeichnung. Wie sollte ich reagieren? Eigentlich hatte ich Angst. Was sollte ich anziehen, was trägt man in diesen Kreisen zu einer solchen Gelegenheit? Worauf sollte ich mich noch vorbereiten?

Mutter meinte, daß man so etwas ohne Pelz nicht absolvieren könne, und brachte mich in eine nahe gelegene größere Stadt zu einem Kürschner. Der machte verschiedene Vorschläge. Einen schwarzen Persianer lehnte ich mit der Begründung ab, daß es sich doch um kein Begräbnis handle. Schließlich einigte man sich auf einen Bisampelz, der von Beige bis Rostrot changierte. Ich mußte einige Anproben durchstehen, bevor die halblange Pelzjacke fertig war. Ich bekam auch ein Pelzhütchen, wie es damals modern war. Ich freute mich darauf, die neuen Sachen bald tragen zu dürfen, aber Mama erlaubte es nicht, denn sie fand, daß der Pelz erstmalig in Ratboř zur Geltung kommen sollte.

Unsere Hausschneiderin nähte auch noch gleich ein paar neue Kleider, und ich war damit fast für eine Modenschau gerüstet.

Auf die Familie von Tante Irma machte das Ganze großen Eindruck, und man ging mit mir um, als ob ich ein hoher Gast wäre. Alle bewunderten lautstark meine neue Garderobe. Ein großer Blumenstrauß wurde gekauft, den ich bei der Ankunft im Schloß Frau Mandelík übergeben sollte. Béra kam pünktlich, um mich mit dem Auto abzuholen. Alle verabschiedeten sich von mir, als ob ich mindestens nach Australien fahren würde. Voll innerer Unruhe setzte ich mich ins Auto und harrte der kommenden Dinge.

In Ratboř fuhren wir durch einen kleinen Park vor das Schlößchen. Dann gingen wir durch ein Vestibül, in dem sich ein kleiner Springbrunnen mit Ledersesseln darum befand. Béra war plötzlich verschwunden. Hingegen tauchte ein Kammerdiener auf, verbeugte sich und nahm mir Pelz sowie Blumen ab. Mir wurde bewußt, daß ich vor Mama nicht sagen durfte, daß niemand meinen Pelz hatte sehen können. Da hätte ich ihn doch auch in der Schule tragen dürfen.

Der Kammerdiener kam zurück und geleitete mich in den großen Empfangssalon, wo ein hoher geschmückter Weihnachtsbaum stand. Im Raum befanden sich bereits viele elegante und kultivierte Leute, vorwiegend höheren Alters. Einige saßen, andere standen mit kleinen Gläsern in den Händen herum und unterhielten sich. Es herrschte eine lebhafte, aber zwanglose Atmosphäre.

Béra blieb verschwunden. Der Kammerdiener erschien mit meinen Blumen in einer Vase und stellte sie auf einen Ehrenplatz. Ansonsten nahm mich niemand zur Kenntnis. Unter dem Weichnachtsbaum war die kleine Nina, die Tochter von Béras Schwester Hana, mit ihren Spielsachen beschäftigt.

Plötzlich kam Bewegung in die Gesellschaft, denn die Hausfrau hatte den Salon betreten. In einer schwarzen Robe mit großem Dekolleté stieg sie einige wenige Stufen zur Gesellschaft hinab und begrüßte die Gäste. Was aber sollte ich tun? Die Blumen standen in der Vase – dadurch ließ ich mich nicht abhalten. Mit einem Sprung holte ich sie mir von dort, trat vor Frau Mandelík, stotterte etwas wie meinen Namen und gab ihr die Blumen mit der Vase. Etwas verschreckt bedankte sie sich und stellte sie auf das nächste Tischchen.

Dann lief alles anders ab, als ich es mir vorgestellt hatte. Im Nebenzimmer stand ein weißer Bösendorfer-Flügel, auf dem einer der Gäste zu spielen begann – die Ballade in g-moll von Chopin und danach sein Präludium A-Dur.

Alle applaudierten artig, aber wahrscheinlich hatte ich – die zukünftige Pianistin – allein das nötige Verständnis, denn ich wußte nur zu gut, wieviel man können mußte, um diese Stücke so gut spielen zu können.

Darauf folgte quasi der zweite Akt. Der Kammerdiener bereitete mit zwei Gehilfinnen den Raum für das weitere Geschehen vor. Die hintere Wand wurde aufgeschoben, und das Speisezimmer bot sich unseren Augen – ein wunderbarer Anblick. Die große Tafel für vierundzwanzig Gäste war festlich geschmückt – wie es sich zu Weihnachten gehört mit Tannenreisig, und vor jedem Platz stand eine kleine bunte Wachsfigur mit einer brennenden Kerze. Die Figuren waren sehr verschieden – Zwerglein gab es und Fliegenpilze. Auf dem Tisch standen große, schwere Leuchter, ebenfalls mit brennenden Kerzen, die sich in den unzähligen geschliffenen Gläsern leuchtend widerspiegelten. Auch die silbernen Bestecke bekamen einen besonderen Glanz.

Das noble Gedeck machte mir angst. Außerdem hatte ich gar keinen Appetit. Béra saß mir gegenüber und ahnte nicht, was in mir vorging. Ich hatte panische Angst, irgendeinen Fehler zu machen und in diesem mir unbekannten Milieu schmählich unterzugehen.

Plötzlich läutete im Nebenraum das Telephon. Ein Freund der Familie rief aus Paris an, um frohe Weihnachten zu wünschen. Mir kam es wie etwas ganz Besonderes vor, daß jemand aus diesem Anlaß aus einer solchen Entfernung anrief.

Dann nahmen alle an der Tafel Platz. An der Stirnseite Frau Mandelík als Hausherrin, ihr gegenüber, weit weg, der Besitzer der Zuckerfabrik, Herr Mandelík.

Das Hauspersonal begann das Essen zu servieren. Auf langgestreckten Silberschüsseln lagen Portionen weißen Hechts mit Mayonnaise. Der Kammerdiener begann bei der Dame des Hauses, bediente dann die anderen Damen nach dem ihnen zukommenden gesellschaftlichen Rang. Erst danach kamen die Herren an die Reihe. Man hielt auf Etikette.

Es gab viele Gänge: Fisch. Suppe. Braten. Geflügel. Gemüse. Pommes frites. Zum Schluß dann Kastaniencreme mit Sahne und

Weihnachtsgebäck. Dazu verschiedene Weinsorten. Damit begann mein Abstieg. An Alkohol war ich nicht gewöhnt, glaubte aber, nicht ablehnen zu dürfen. Niemand hatte mich gewarnt.

Nach dem Aufheben der Tafel begaben sich einige Gäste in den Rauchsalon, der klein und gemütlich war. Béra forderte mich auf, ihn dorthin zu begleiten. Plötzlich wurde mir schwindlig, mehr und mehr. Es gab aber weitere alkoholische Getränke – angeblich war ich sehr aufgeräumt und sprach verschiedene Herren an. Von all dem wußte ich später nichts mehr – nur an ein Glas Cognac, das mir jemand in die Hand drückte, erinnerte ich mich, und dann war alles aus. Die letzten Augenblicke im Hause Mandelík verschwanden im Nebel der Sinne. Angeblich hat mich einer der Gäste nach Hause gebracht. Auch davon wußte ich nichts. Als ob es mich nichts anginge.

Meine ganze Familie wartete in der Wohnung von Tante Irma auf mich und war begierig, meinen Bericht zu hören. Sie erfuhren natürlich gar nichts. Ich fiel direkt ins Bett.

Am Morgen wurde mir allmählich bewußt, daß mein Debüt in der Familie Mandelík mit einem Fiasko geendet hatte. Anstatt Bewunderung zu erregen, blamierte ich mich. Ich beschloß aber, alles für mich zu behalten, zog meine Lehre aus dem, was geschehen war, und faßte den Vorsatz, nie wieder Alkohol zu mir zu nehmen.

Die Bekanntschaft mit Herrn Dr. Mandelík begrub ich im Geiste. Eigentlich war nichts passiert, und das Leben konnte weitergehen. Nur Mutter durfte ich kein Sterbenswörtchen sagen, denn sie würde mir gewiß vorwerfen, sie hätte den Pelz umsonst nähen lassen. Auch wunderte ich mich gar nicht, daß Béra nicht anrief. Das war nur gut so. Ich hätte doch gar nicht gewußt, wie ich mich entschuldigen könnte. Irgendwelche faulen Ausreden wollte ich mir nicht ausdenken. Dann schon lieber gar nichts. Es hat so kommen sollen. Punktum.

Aber am Tag vor meiner Abreise rief Béra doch an und kam anschließend, um mich zu einer Spazierfahrt abzuholen. Ich war ihm dankbar, daß er den ganzen Vorfall meines mißglückten Besuchs überhaupt nicht erwähnte. Er war gekommen, um mich zu informieren, daß er für drei Monate zu seinem Onkel nach Paris fahre. Er umarmte mich und küßte mich zum Abschied. Ich fuhr nach Hause, Béra nach Frankreich, ohne zu ahnen, daß wir auf sehr verschiedenen Geleisen in eine sehr verschiedene, unerwartete, höchst unsichere Zukunft fuhren.

Okkupation

Vaters Stimme weckte uns plötzlich:»Kinder, schnell ans Fenster, husch!« Es war erst gegen sechs Uhr morgens, und ich wunderte mich verschlafen, was denn so wichtig sein könnte, daß man uns so früh aus den Betten riß.

Eine Blaskapelle war jedenfalls nicht der Anlaß. Die hätte es vermocht, denn Vater liebte ihre Klänge und ließ keine Gelegenheit aus, ihren Vorbeimarsch zu nützen, um mit einem umgedrehten Besenstiel den Tambourmajor bei einem Umzug durch die Wohnung zu verdoppeln. Besonders der Radetzkymarsch hatte es ihm angetan. Dem widerstand er niemals. Aber diesmal war von draußen keine Musik zu hören. Ganz im Gegenteil. Das Wetter war unfreundlich, kalt und regnerisch, sogar einige Schneeflocken wirbelten in der Luft. Eigentlich nichts Besonderes.

Es war nur Mittwoch, der 15. März 1939.

Vaters Stimme zitterte, als er erneut forderte:»Kommt doch alle ans Fenster!« Also öffneten wir schließlich die Vorhänge im Salon, und vom ersten Stock bot sich unserem Blick ein merkwürdiges Bild. Wie ein plötzliches Hochwasser wälzte sich unten auf der Straße die deutsche Wehrmacht vorbei. Auf Motorrädern saßen vermummte Männer in fremden Uniformen mit Helmen auf dem Kopf und fuhren in dichten Reihen, von Westen kommend, sichtlich nach Prag. Es dröhnte wie bei einem Erdbeben. Wir waren ganz still. Ich fröstelte am ganzen Körper bei der Vorahnung von etwas Schlimmem und Unbekanntem, das uns erwartete. Außer den fremden Soldaten war niemand auf der Straße. Nur hinter anderen Fenstern sah man Leute, die mit Grauen in den Augen die sich abzeichnende Katastrophe unseres Staates verfolgten.

Die Reihen der motorisierten Soldaten wollten schier kein Ende nehmen. Wir drehten schnell das Radio an. Mit unruhiger Stimme forderte der Sprecher die Bevölkerung auf, Ruhe zu bewahren, und warnte vor jeglichem Widerstand. Man sollte tunlich die Wohnungen nicht verlassen, auch blieben die Schulen geschlossen.

Das war für mich die einzige gute Nachricht. Heute gibt es also keinen Unterricht. In der Geographiestunde sollten wir die Sahara durchnehmen – und ich war völlig unvorbereitet. Daß mir also ein etwaiges Versagen erspart blieb, beruhigte mich etwas.

Die Stimme im Rundfunk forderte auf, am Apparat zu bleiben. Also setzten wir uns hin und warteten auf weitere Meldungen. Ungefähr eine Stunde später erfuhren wir, daß die deutsche Armee Prag und die Burg am Hradschin besetzt habe. Das war eine wahrhaft erschütternde Nachricht. Unvorstellbar das Ganze, denn es bedeutete das Ende unserer Freiheit.

Meine Mutter überfiel ein Schüttelfrost, und Vater war blaß. So hatte er sich das nicht vorgestellt. Im Geiste fragte er sich wohl: »Was wird sich ändern? Und wie schnell? Was erwartet uns?«

Eine Antwort gab es im Augenblick nicht, nur Vermutungen und die Entschlossenheit, die ganze Familie möglichst vor dem Schlimmsten zu bewahren und zusammenzuhalten.

Die Schule begann wieder, und oberflächlich besehen änderte sich nichts in unserem Leben. Und doch schlich sich etwas ein, was wir vorher nicht kannten. Angst. Unsicherheit. Was bringt die Zukunft? Was wird aus uns?

Der Beginn des neuen Schuljahrs am 1. September 1939 fiel mit der deutschen Besetzung Polens und dem Beginn des Zweiten Weltkriegs zusammen. Unsere Republik wurde dann zum Reichsprotektorat mit neuer Führung, und schnell wurden die in Deutschland schon erprobten Rassengesetze eingeführt. Wir konnten uns niemals vorstellen, daß diese von Hitler unerbittlich durchgesetzten Prinzipien auch bei uns Geltung haben könnten. Und doch geschah es. Plötzlich, sozusagen über Nacht, war die Republik in zwei streng gesonderte Gruppen geteilt. In Juden und die Anderen. Wie durch den Streich eines Zauberstabs waren wir zu Unholden und minderwertigen Menschen geworden, die jeder meiden sollte. Und das bei Androhung von Gefängnisstrafen und Schlimmerem.

Es folgte die Registrierung der Juden in allen Städten und Dörfern, auch den kleinsten, ja bis in Einzelhöfe. Wir bekamen neue Personalausweise mit dem Stempel JUDE und einen gelben Stern, den wir (fest angenäht) an unserer Kleidung tragen mußten, damit wir schon von weitem jedem als Volksfeinde kenntlich waren.

Bald darauf wurde alles jüdische Vermögen konfisziert. Besitzer von Geschäften, Büros, Werkstätten und dergleichen mußten »freiwillig« auf ihren Besitz verzichten und diesen mit ihrer Unterschrift einem deutschen Treuhänder und Nachfolger übergeben. Mitarbeiter wurden auch nach Jahren treuer Dienste entlassen, und sogar Haustiere, die nun wirklich ganz unschuldig waren, mußten an Sammelstellen abgegeben werden. Schweren Herzens!

Alle Türen wurden allmählich geschlossen. An Kaffeehäusern, Restaurants, Kinos wurden Aushänge angebracht, daß »Juden unerwünscht« seien. Ein großes Geschäft in unserer Stadt teilte sogar mit, daß »Hunden und Juden der Eintritt verboten« sei.

Lebensmittelkarten wurden eingeführt, und gleichzeitig wurde bekanntgegeben, daß Waren an Juden nur nachmittags zwischen drei und vier Uhr abgegeben werden durften. Zu dieser Zeit waren dann keine mehr vorhanden.

Ein Schlag nach dem anderen folgte. Zunächst meine Entlassung aus der Schule durch die folgende schriftliche Mitteilung unseres Gymnasiums:

Mit Erlaß vom 7. August 1940, Nr. 99761/40 – J 1 verfügte das Ministerium für Schulwesen und Volksbildung im Einvernehmen mit dem Herrn Reichsprotektor, daß mit Wirkung von Beginn des neuen Schuljahrs keine jüdischen Schüler in tschechische Lehranstalten aller Arten aufgenommen werden dürfen. Sollten solche Schüler bereits eine

Schule besuchen, sollen sie mit Beginn des Schuljahrs 1940/41 von der Teilnahme am Unterricht ausgeschlossen werden. Aufgrund dieser Anordnung teilt Ihnen die Direktion mit, daß Ihre Tochter Zdenka Fantlová aufhört, Schülerin der hiesigen Lehranstalt zu sein.

Jan Hora
Direktor

So wurde über mich entschieden. Ich war in der siebten Klasse, und es tat mir leid, daß ich im nächsten Jahr die Reifeprüfung nicht würde ablegen können. Meine Mitschülerinnen begriffen das ganz und gar nicht und meinten: »Das Ganze ist Unsinn und wahrscheinlich nicht wahr. Du wirst sehen, sie überlegen sich das und du kommst zurück.«

Unsinn war es, aber leider auch die Wahrheit, und in die Schule durfte ich nie mehr. Was tun, wohin mich wenden? Tag und Nacht überdachte ich meine Möglichkeiten. Plötzlich fuhr es mir durch den Kopf: Englisch! Fred Astaire – You Are My Lucky Star! Die Sprache wollte ich schon immer lernen, und jetzt wußte ich, daß ich mußte. In Prag gab es das English Institute, an dem keine Rassengesetze galten und man jeden aufnahm, der die Sprache erlernen wollte. So wurde mein Ziel, um jeden Preis dort studieren zu können.

Meine Mutter war das erste Hindernis. Als ich ihr meinen Wunsch vortrug, noch ein Jahr zu studieren und im Prager Institut die englische Sprache zu erlernen, wobei ich bei der Großmutter hätte wohnen können (was mir eine einfache Lösung dieses Problems zu sein schien), lehnte sie mein Ansinnen mit zwei Sätzen ab: »Aus Prag wird nichts. Dort wird ein Mädchen nur verdorben.« Punktum – und unterhielt sich nicht weiter mit mir. Es hatte keinen Sinn, sie umzustimmen. Die Sache mußte ich anders lösen.

Über meinen Vater. Das erforderte einen gut durchdachten Kriegsplan, der von allem Anfang an nicht auf Ablehnung stoßen durfte.

Ich mußte jemanden finden, der auf ihn Einfluß hatte. Am besten einen Pädagogen. Woher nehmen? Aha, da ist doch einer –

mein ehemaliger Lateinprofessor, der ein guter Freund meines Vaters war. Sorgfältig bereitete ich mich auf den entscheidenden Schritt vor. Mein guter Professor wunderte sich etwas, als ich zu ihm kam, forderte mich aber auf, mich hinzusetzen und ihm zu sagen, was ich auf dem Herzen hätte.

Den Wortlaut meines Anliegens hatte ich sorgfältig vorbereitet, so daß ich ohne Umschweife beginnen konnte: »Herr Professor, Sie werden mich sicher verstehen. Aus rassischen Gründen wurde ich vom Studium am Gymnasium ausgeschlossen. Ich bin aber erst siebzehn Jahre alt, möchte noch studieren und Neues lernen. In Prag gibt es das Englische Institut, wo man mich ohne weiteres aufnehmen würde. Für meinen Vater wäre das keine große Belastung – das Schulgeld ist nicht hoch, und wohnen kann ich bei meiner Großmutter in der Altstadt. Herr Professor, ich bitte Sie um Ihre Fürsprache bei meinem Vater, denn ich würde zu gern diese Schule besuchen.«

Ob ich Tränen in den Augen hatte, weiß ich nicht mehr, aber mein Blick unterstützte sicher meine Bitte. Sichtlich gerührt antwortete der Professor: »Ihre Einsicht ist richtig, ein junger Mensch soll seine Zeit zum Lernen und zur Weiterbildung nutzen. Ich verspreche, daß ich so bald wie möglich mit Ihrem Vater sprechen und ihm empfehlen werde, Ihr Studium an der Sprachschule zu ermöglichen.«

»Vielen Dank«, konnte ich nur mit schwacher Stimme sagen und ging leichteren Herzens nach Hause.

Schon am nächsten Tag rief mich mein Vater zu sich, und aus seinem Lehnstuhl unterbreitete er mir seinen Vorschlag: »Was würdest du dazu sagen, wenn ich dich für ein Jahr nach Prag ins Englische Institut schicken würde, damit du noch etwas lernst, wenn du schon nicht mehr ins Gymnasium gehen darfst?«

Ich antwortete scheinbar unvorbereitet: »Hmm, warum nicht? Das wäre ganz prima. Hier versäume ich nichts, und dort erlerne ich noch eine Sprache.«

Mein Plan war also gelungen, und im Geist bedankte ich mich nochmals beim Herrn Professor. Meine Mutter traute sich niemals, gegen irgendwelche Vorschläge meines Vaters Einwände vorzubringen, so daß ich darangehen konnte, meine Koffer zu packen. Zwei Tage später fuhr ich mit meinem Vater nach Prag.

Ich war voll Freude, nicht nur weil es mir gelungen war, ins Englische Institut aufgenommen zu werden, sondern weil ich das Gefühl hatte, mein Schicksal hätte sich entschieden, auch für eine noch unbekannte Zukunft. Eine besondere Voraussicht zwang mich, um jeden Preis die Sprache zu erlernen, die mir dereinst – daß es schon in fünf Jahren sein würde, konnte ich nicht ahnen – helfen würde, meinen Tod abzuwenden.

Prag und das English Institute

Großmutter wohnte in einem der Familie gehörenden mehrstöckigen Haus nahe der Teynkirche, und die Schule befand sich in der Národní. Begeistert ging ich jeden Tag durch die engen Gassen und konnte mich nicht sattsehen an den Fassaden der Häuser und deren Schildern. Gern stellte ich mir vor, wie dort wohl die Leute in verschiedenen Zeiten gelebt hatten und was alles früher in Prag geschehen war. Am liebsten war ich bei meinen Spaziergängen allein. Prag hatte es mir angetan. Der Unterricht dauerte täglich von 9 bis 13 Uhr. Die Lehrer waren richtige Engländer, Mr. Henchman, Miss Hinckley und andere. Da es damals in Prag nur wenige Ausländer gab, waren sie Menschen aus einer anderen Welt.

Wir hatten englische Lehrbücher, lasen viel, lernten die richtige Aussprache, schrieben nach Diktat. Auch Hausaufgaben bekamen wir. Jeden Tag freute ich mich auf den Schulbesuch, und nichts war mir zuviel.

Neben mir saß eine gleichaltrige Studentin, die ebenfalls aus einer Kleinstadt, aus Nepomuk, nach Prag gekommen war. Auch sie war aus rassischen Gründen vom Schulbesuch ausgeschlossen worden. Sie hieß Marta. Bald wurden wir unzertrennliche Freundinnen, und unsere Schicksale verbanden sich auf so sonderbare Weise, daß später unter unvorhersehbaren Umständen die eine zur Lebensretterin der anderen wurde.

Gemeinsam machten wir viele Ausflüge in die Umgebung – etwa mit dem Flußdampfer nach Zbraslav oder mit dem Zug zur

Burg Kokořín. Die gelben Sterne trennten wir immer feinsäuber-
lich ab, auch wenn wir in der Stadt verbotene Orte besuchten, mit
der Straßenbahn fuhren oder erst nach acht Uhr abends nach
Hause gingen, was ebenfalls verboten war. Wir waren überzeugt,
daß uns in Prag niemand kannte, und hatten viel Glück, daß
nichts passierte und wir immer ungeschoren davonkamen. Nur
die arme Großmama hatte fürchterliche Angst.

Die Abschlußprüfungen machten wir beide mit ausgezeichne-
tem Erfolg, was mir auch schon wegen Vaters mutigem Eintreten
für mein Studium in Prag sehr angenehm war. Auch dem Herrn
Professor sagte ich nochmals Dank, war es doch auch sein Verdienst. Er freute sich über meinen Erfolg und lobte mich. Im Juni
endete das Schuljahr, und ich mußte nach Hause zurück.

Dort erwarteten mich zwei große Ereignisse. Ein glückliches
und ein tragisches.

Die Gestapo verhaftet meinen Vater

Nach dem Aufenthalt in Prag schien mir das Leben in der Kleinstadt eintönig und beschränkt. Das Verbot des Aufenthalts außer
Haus nach acht Uhr abends wurde streng kontrolliert, ebenso das
Tragen der gelben Sterne. Diese mußten perfekt angenäht sein
und nirgends vom Kleidungsstück abstehen. Ich hatte immer Nadel und Zwirn bei mir, hütete alle Sterne und befestigte sie, wenn
notwendig. Der deutsche Druck wurde merklich stärker. Auch
ohne Grund wurden Menschen auf der Straße verhaftet. Wir
durften niemanden besuchen oder uns mit irgendwem draußen
unterhalten. Die Bevölkerung der Stadt teilte sich schnell in zwei
Lager. Die einen erkannten die deutschen Befehle nicht an und
halfen uns insgeheim, wo immer sie konnten, besonders beim
Einkauf von Lebensmitteln außerhalb der festgesetzten Zeit.
Dann waren da die anderen, die mit den Deutschen zu kollabo-
rieren begannen und sich freuten, daß ihre Zeit gekommen war.
Sie hielten es für ihre Pflicht, zu schnüffeln und zu stöbern, auch
zu denunzieren, um von den Deutschen Lob und verschiedene
Belohnungen zu erhalten. Meine Mitschülerinnen besuchte ich
nicht mehr, um ihnen und ihren Eltern Schwierigkeiten zu erspa-

ren, wo es doch jetzt rund um uns so viele neue Ohren und Augen gab. Mißtrauen hatte ich bisher nicht gekannt. Wir konnten doch mit jedermann offen sprechen, Meinungen austauschen, Erlebnisse schildern und brauchten vor niemandem Angst zu haben. Plötzlich verstummten wir. Mehr und mehr begann ein furchtbares Scheusal das Leben zu beherrschen – die Angst vor den Mitmenschen. Was, wenn der Fleischer an der Ecke oder der Trafikant gegenüber (obwohl selbst Kriegsbeschädigter), gar unsere ehemalige Wäscherin, ja der Wirt vom Ausschank, wo ich für Vater das Bier holte, für die Deutschen schmutzige Arbeit verrichteten und nur auf unser kleinstes Vergehen warteten, um uns bei der zuständigen Behörde anzeigen zu können?

Lange mußten wir nicht warten. In Krisenzeiten bekennen Leute bald Farbe. Die antijüdischen Verordnungen zwangen uns dazu, unser Rundfunkgerät bei einem Amt abzugeben. So blieben uns nur ungenaue Nachrichten von da und dort. Ein Nachbar lud meinen Vater ein, bei ihm die tschechischen Nachrichten der BBC mitzuhören.

Ausländische Sender zu empfangen war unter Androhung drakonischer Strafen allgemein verboten. Mein Vater nahm die Einladung an und ging hin. Er kam zurück, begeistert von einer Ansprache, die Jan Masaryk an das tschechische Volk richtete. Der Besuch wurde nur noch einmal wiederholt. Bald darauf, wir saßen gegen acht Uhr abends beim Abendbrot, schrillte die Glocke an der Haustür – einmal, zweimal, dreimal –, und bald hörten wir heftige Fußtritte gegen ihr Holz.

»Gestapo. Aufmachen!« donnerte draußen die befehlende Stimme.

Meine jüngere Schwester ging aufmachen. Drei grobschlächtige Männer in SS-Uniformen drangen in die Wohnung ein und riefen voll Wut: »Achtung! Aufstehen!«

Wir taten wie befohlen, und sie fielen sofort wie wilde Tiere über Vater her. Einer bekam ihn am Kragen zu fassen, schüttelte ihn und schrie wie besessen: »Name?«

Mein Vater war kreidebleich, antwortete aber ruhig: »Ernst Fantl.«

»Waasss?« wütete der SS-Mann. »Ich werd's dir zeigen, Ernst Fantl! Jude Ernst Fantl!« Er versetzte ihm einen Schlag.

Allgemeine Verwirrung, Geschrei, Ohrfeigen, Gewalt. Ich saß mit dem Rücken zur Wand und hatte so das ganze schreckliche Theater direkt vor Augen.

»Jetzt kommst du mit uns«, ordnete drohend der SS-Mann an. Zwei Uniformierte hielten Vater an den Schultern fest, der dritte versetzte ihm einen Tritt. Nach kurzem Wanken stand Vater wieder fest auf den Beinen und fragte leise: »Darf ich meinen Mantel holen?«

»Los! Schnell!« – Einer ging mit ihm ins Schlafzimmer, wo Vater sogar seinen Hut mitnahm. Er war bleich wie die Wand. Bevor er das Zimmer verließ, drehte er sich zu uns um, sah mit ruhigem Blick einen nach dem anderen an, so als ob er sich jeden von uns ganz fest ins Gedächtnis einprägen wollte, und sagte mit fester Stimme zu uns allen: »Nur Ruhe. Denkt daran – in der Ruhe liegt die Kraft.« Dann winkte er zum Abschied mit dem Hut.

Die Deutschen schmissen mit Gepolter die Tür zu, und Vater war verschwunden. Meine Mutter wurde ohnmächtig, und als sie wieder zu sich kam, brachten sie meine Geschwister ins Bett.

Ich blieb versteinert sitzen, unfähig zu jeglicher Aktion. Als ich allmählich meinen Schock überwand, fiel mein Blick auf den Eßtisch mit den Resten der Mahlzeit. Wie wild begann ich alles, was dort war, zu verschlingen, wohl um etwas Konkretes zu tun, vielleicht, um nicht zu ertrinken in dem Meer von Angst und Gewalt, das ich soeben erlebt hatte.

Meine Mutter ärgerte sich nachher sehr über mich und machte mir Vorwürfe: »Wie konntest du auch nur einen Bissen zu dir nehmen? Ein Beweis, daß du Vater überhaupt nicht gern hast!«

Ich war zu aufgeregt, um ihr irgend etwas zu entgegnen.

Niemand von uns wußte, warum Vater verhaftet worden war, allerdings mußte es damals gar keine Gründe geben. Bald aber erfuhren wir, daß ihn ein Nachbar wegen der Rundfunksendung der BBC angezeigt hatte.

Vergeblich suchten wir zu erfahren, wohin man Vater abgeführt hatte, wo er sich befinden könnte. Ob er auf ein Verhör wartete und dann wieder heimkehren würde oder ob wir ihn niemals wiedersehen würden? Es dauerte lange und bedurfte vieler Bittgänge und Bestechung, ehe wir die Information erhielten, er sei im KZ Buchenwald. Wir durften ihm ein Päckchen mit Lebensmitteln schicken, erfuhren aber niemals, ob er es bekommen hat. Eine weitere Verbindung gab es nicht.

Erst nach längerer Zeit kam eine vorgedruckte Karte, daß er wegen staatsfeindlicher Tätigkeit zu einer Haft von zwölf Jahren verurteilt worden war und sich im Bayreuther Gefängnis für politische Kriminelle befände. Danach erhielten wir in längeren Abständen kurze Nachrichten, aus denen wir erfuhren, daß er Papiertüten klebte. Er wurde sogar Leiter seiner Arbeitsgruppe, und ich hatte das Gefühl, daß er – Optimist, der er war – imstande gewesen ist, sich den gegebenen Bedingungen anzupassen, und daß er weniger zu leiden hatte als im KZ Buchenwald.

Das beruhigte mich ein wenig.

Mehr und mehr Beschränkungen schnürten unser Leben ein, und wir kamen uns allmählich selbst wie in einem Gefängnis vor. Es blieb uns nichts übrig, als die weitere Entwicklung abzuwarten. Gutes hatten wir allerdings nicht zu hoffen, und man fügte sich dem Schicksal. Eine andere Möglichkeit hatten wir gar nicht.

Vielleicht doch. Als Vater noch daheim war, wurde aus England verbreitet, daß eine bestimmte Zahl von Flüchtlingen aus dem Protektorat einreisen könne, wenn sie sich als Helferinnen im Haushalt verpflichten würden. Ich war gewillt, mich zu melden und nach England zu reisen, um dort mein Glück zu versuchen. Vater hatte mein Ansinnen schroff abgelehnt und gesagt: »Das schlag dir aus dem Kopf, allein fährst du nirgendwohin. Wir bleiben alle zusammen.«

Liebe

Schon vor der Besetzung der Republik durch die Nazis übersiedelten die meisten jüdischen Familien aus dem abgetretenen Sudetenland ins Innere des Landes. Vor allem nach Prag, aber auch in Städte, wo sie Verwandte oder Bekannte hatten. Das waren eigentlich die ersten Emigranten. Aus Angst vor den Deutschen gaben sie freiwillig Wohnsitz, Vermögen und Existenz auf. Jetzt waren sie auf Hilfe, ja auf Wohltätigkeit angewiesen. Oft wurden sie als Bürger zweiten Ranges angesehen, was ihnen das Dasein schwermachte. Sie ahnten, daß sie und uns alle viel schlimmere Dinge erwarteten.

In unsere Stadt zog die Familie Levit aus Tachau. Ein älteres Ehepaar mit einem erwachsenen Sohn namens Willy, der Advokat war, und dem jüngeren Sohn Ernst.

Ernst war ein schöner Jüngling mit guter Figur, dunklen, weichen Haaren und braunen Augen. Sein Blick war aufrichtig und direkt. Mit seinen 23 Jahren sah er entschlossen und mutig aus. Wir trafen einander ziemlich bald anläßlich einer Jause bei einer befreundeten Familie. Wir sahen einander an – und ein Blitz durchzuckte uns. Liebe auf den ersten Blick. Anders konnte es gar nicht sein. Wir verabredeten uns, so oft es nur ging. Am liebsten durchstreiften wir gemeinsam die nahen Wälder. Allein. Ich nannte ihn Arno. Wenn er kam, um mich abzuholen, pfiff er unter meinem Fenster ein paar Takte, die er Dvořáks Sinfonie »Aus der neuen Welt« entliehen hatte.

Wenn unsere Kennmelodie ertönte, ließ ich alles stehen und liegen und flog in Arnos Arme.

Wenn ich an seiner Wohnung vorbeikam, mußte ich – da ich nicht pfeifen konnte – irgendeinen Passanten ersuchen, es für mich zu tun. Manchmal hatte ich Erfolg, manche Leute aber weigerten sich. Vielleicht konnten sie gar nicht pfeifen und wollten es nicht eingestehen.

Arno und ich waren sehr verliebt. Es schien uns, daß wir geradezu aufeinander gewartet hatten.

Die Welt schien uns ein Paradies zu sein, die deutsche Okkupation war von unserem Horizont verschwunden, wir lebten nur in unserer Welt und sahen keinerlei Gefahren. Und wenn – wir fürchteten nichts, denn die Liebe überwindet bekanntlich alle Hindernisse.

Ein ehemaliger Mitschüler, ein guter Kamerad, der uns auf einem unserer Spaziergänge abseits der Stadt begegnete, machte uns folgenden Vorschlag: »Natürlich weiß ich, daß ihr nach acht Uhr abends nicht außer Haus sein dürft, also kommt zu uns in die Mühle, dort könnt ihr die ganze Nacht verbringen. Fürchten müßt ihr euch nicht. Meine Familie nimmt die deutschen Anordnungen nicht zur Kenntnis.«

Das klang verführerisch, aber es war äußerst gefährlich – für uns und ihn. Aber die Sehnsucht, eine ganze Nacht füreinander zu haben – irgendwo, ganz gleich an welchem Ort –, war stärker als die Angst vor etwaigen Folgen.

Wir wollten also am Sonnabend mit Fahrrädern kommen. Die Mühle lag etwa eine Stunde von der Stadt entfernt an einem kleinen Fluß im Wald. Ringsum war nichts.

Wie aber sollte ich von zu Hause wegkommen? Was der Mutter sagen? Also weihte ich meinen Bruder in den Plan ein. Er sollte mit uns fahren und auch über Nacht bleiben. Eine Unterkunft würde sich in der Mühle sicher finden. Mein Bruder willigte ein.

Wir schätzten das Risiko, das wir auf uns nahmen, richtig ein. Es war absolut notwendig, den Ausflug ohne Judensterne zu unternehmen, was ein weiteres Vergehen war. Hohe Strafen drohten.

Unser Entschluß stand jedoch fest.

Schönes Wetter mit Sonnenschein begünstigte unser Vorhaben. Wir zogen Kleidungsstücke ohne Sterne an. In der Stadt fürchteten wir, jemand könnte das bemerken und uns denunzieren. Aber nichts geschah, und bald befanden wir uns auf der Landstraße, wo der Verkehr gering war. Schon dachten wir, alle Hindernisse überwunden zu haben, da tauchte ein offener Militärwagen auf, in dem sich vier SS-Männer befanden. Uns stand der Atem still. Was wird geschehen? Werden sie uns kontrollieren? Um zu erfahren, wohin wir fahren wollen? Wir hatten Glück. Ein Schutzengel wendete alles Unheil ab – das Auto fuhr mit großer Geschwindigkeit an uns vorbei.

Unsere Knie zitterten. Wir beschlossen, die Straße zu verlassen und einen Feldweg, den wir kannten, zu benutzen. Der war zwar etwas länger, aber gewiß sicherer. In größerer Ruhe setzten wir unsere Fahrt fort. Aber im Leben gibt es keine Sicherheit.

Plötzlich stand ein deutscher Offizier mit einem Fahrrad vor uns. Er hob den Arm zum Gruß und brüllte: »Halt!« An Flucht war nicht zu denken. Wir dachten, unser Ende sei gekommen.

Also hielten wir an, und ich stellte mich vor ihn und sah ihn ohne Furcht an. Zu verlieren hatten wir nichts.

»Wie weit ist es von hier noch in die Stadt?« fragte er mit ganz normaler Stimme. Ich atmete erst einmal tief ein und antwortete ruhig: »Wenn Sie hier weiterfahren, sind Sie in etwa einer halben Stunde dort.« Und fügte guten Muts hinzu, daß es nicht weit sei.

Er salutierte, bedankte sich und fuhr weiter.

Da hatten wir aber Glück, dachten wir, und keiner sagte etwas. Wir setzten uns erst einmal hin, um uns zu beruhigen. Endlich waren wir am Ziel. Die Mühle samt den dazugehörigen Gebäuden stand auf einer sonnigen Wiese am Waldrand, und ein lustig sprudelnder Bach betrieb das Mühlrad. Es war wie ein Bild aus einem Märchen. Ein Paradies für Liebende. Wir wurden in eine kleine Kammer geführt, die immerhin ein Fenster hatte, von dem aus man das sich drehende Mühlrad sehen konnte. Auf dem Fußboden lagen ein Strohsack, ein Kissen und eine grobe Decke.

Später schien der Mond durchs Fenster. Für uns jedoch verschwand alsbald die Welt.

Nur die Liebe blieb. Wild, heiß, betörend, unendlich.

Wenn man das Fenster öffnete, drang der Duft von Lindenblüten in die Kammer, und man hörte das Murmeln des Wassers.

Gewirr unserer Glieder und der Wunsch, diese Nacht möge niemals enden.

Wir gelobten einander ewige Liebe und erträumten uns ein zukünftiges Leben. Nach dem Krieg. Gleich nach dessen Ende. Am nächsten Tag kehrten wir wie im Traum heim.

Transporte

Im Herbst 1941 verlautete, daß in Prag jüdische Familien für Transporte in den Osten registriert würden. Was bedeutete »in den Osten«? Das wußte niemand. Die Nachrichten von Verwandten wurden mit jedem Tag bestimmter, drängender. Es fiel der Name der polnischen Stadt Lodž. Angeblich gab es dort ein Ghetto, wohin man die Transporte schicken wollte. Niemand wußte, ob es sich nur um Gerüchte oder die Wahrheit handelte, und wir waren vollkommen unsicher, was die Deutschen im Sinn hatten.

An jeder Sache ist etwas dran – konnte man bald wissen, denn Transporte von je 1000 Menschen nach Polen wurden zur grausigen Tatsache. Die Deutschen beschlossen eine Umsiedlung der jüdischen Bevölkerung aus dem Protektorat. Täglich erfuhren wir Namen von Leuten, die abgereist waren – es waren Verwandte oder Freunde. Jetzt wußten wir, daß etwas Unvorstellbares begonnen hatte, auch bei uns, woran so recht vorher niemand glauben wollte. Hitler hatte allerdings schon längst gedroht, die jüdische Rasse in Europa auszurotten.

Solange man in seiner Wohnung war und im eigenen Bett schlafen konnte, wähnte man sich in Sicherheit, und das Wort »Transport« blieb nur ein Wort. Man konnte sich nichts Konkretes darunter vorstellen. Auch gab es diese Transporte nur in Prag, andere Teile des Landes waren nicht betroffen und würden vielleicht gar nicht drankommen. Ein Strohhalm, an dem sich ein Ertrinkender festhält.

Eines Abends, es war schon nach acht Uhr, läutete die Glocke der Wohnungstür. Ein ehemaliger guter Freund meines Vaters, Lehrer von Beruf, war gekommen. Wir ließen ihn schnell ein, damit ihn niemand sah.

Er begann ohne Umschweife. »Eure Lage ist nicht rosig, aus Prag werden Menschen nach Polen verfrachtet, und bald wird die Reihe an euch sein. Ihr werdet alles zurücklassen müssen. Wenn ihr irgendwelche Sachen retten wollt, packt sie zusammen, ich komme morgen zum Abholen und werde sie bei uns verstecken. Nach dem Krieg bekommt ihr alles wieder. Euren Vater habe ich immer gern gehabt.«

Gute Menschen gibt es überall, und diesmal waren es viele.

Also machten wir uns schnell ans Packen – vor allem Familienphotos, Dokumente, Wäsche aus der für mich und meine

Schwester bestimmten Aussteuer. Dann auch noch Bettzeug, Tischtücher und dergleichen, alles mit Monogrammen.

Auch nahmen wir im Salon das Bild des Schlosses in Blatná von der Wand, das unser Vater so oft und gern angeschaut hat. Es erinnerte ihn immer wieder an seine glücklichen Jugendjahre, die Ehe mit seiner geliebten Betty – und so fügten wir auch das Bild unserer kleinen Sammlung bei. Ansonsten hatten wir keine Pretiosen.

Am nächsten Abend kam der Lehrer wie versprochen und erfüllte sein Versprechen.

Unsere Zukunft begann langsam Umrisse anzunehmen.

AK 1 – AK 2

Über Theresienstadt (Terezín), die alte Militärgarnison bei Leitmeritz, wußten wir damals nicht allzuviel. Höchstens, daß Kaiser Joseph II. dort um 1780 – also zu Mozarts Zeiten, welch ein Kontrast! – eine Festung mit hohen Wällen, aber nur einem kleinen Tor erbauen ließ. Aber viel Aufhebens wurde davon nicht gemacht, auch wenn sich die Lokalität in Böhmen befand.

Plötzlich aber war Theresienstadt in aller Munde und bekam eine ganz neue Bedeutung. Man sprach davon, daß dort ein Sammellager für die gesamte jüdische Bevölkerung des Landes errichtet werden sollte. Erst ein Blick auf die Landkarte zeigte uns die Lage von Theresienstadt und die Entfernung nach Prag an. Vorläufig bereitete die Vorstellung keinen Schrecken. Wenn die Umsiedlung dorthin durchgeführt werden sollte, blieben wir immerhin auf heimatlichem Boden. Höchstens an einem anderen Ort, in einer anderen Stadt.

Es dauerte nicht lange, und die ersten zwei Transporte mit je 1000 jungen Männern wurden aus Prag dorthin abgefertigt. Sie bekamen die Bezeichnungen AK 1 und AK 2 – Arbeitskommando. Ihre Aufgabe war es, Theresienstadt für die Aufnahme weiterer Insassen vorzubereiten. Das geschah im November 1941. Unsere Familie war erstmalig direkt betroffen, denn im ersten Transport befand sich auch mein junger Vetter Fritz, der mir seinerzeit die Schallplatte mit »You Are My Lucky Star« vorspielte. Er war erst sechzehn Jahre alt. Seine Eltern waren vollkommen verzweifelt. Er war das einzige Kind, von der Mutter und Großmutter, aber auch vom Vater verwöhnt. Er bekam immer, was er wollte, und betrachtete alles als Selbstverständlichkeit. Insgeheim war die Familie davon überzeugt, daß aus ihm nichts Rechtes werden würde. Aber das Leben bewirkt oft Wunder. Über Nacht wurde er zu einem starken, mutigen, furchtlosen jungen Mann. Man gab ihn im Augenblick verloren. Aber seine Eltern trafen ihn zehn Monate später in Terezín wieder – leider blieben sie nur kurz dort zusammen.

Unversehens wurden also alle Vermutungen und Gerüchte zur nackten Wahrheit. Wir begannen uns daran zu gewöhnen, daß es kein Entrinnen gäbe und daß wir alles, was uns erwartete, hinnehmen müßten. Arno und ich zitterten nur vor einer Trennung durch verschiedene Transporte. Wir hofften auf den lieben Gott und seine schützende Hand, die uns untrennbar beisammenhalten sollte. Miteinander würde uns nichts Schlimmes passieren.

Deportation

Natürlich kamen auch wir an die Reihe, und das früher, als wir dachten. Anfang Januar 1942 wurden wir zur Registrierung in die benachbarte größere Stadt bestellt. Sie fand im Saal des Bezirksamts statt. Dort hatten sich viele Leute aus der ganzen Umgebung eingefunden. Wir standen in einer langen Warteschlange – beaufsichtigt von Deutschen in Uniformen. Am Pult angelangt, mußte jeder Namen und Adresse sagen, worauf er einen kleinen Zettel mit der Nummer des Transports bekam.

Ich hatte Herzklopfen. Nicht aus Angst vor der Tatsache selbst, sondern nur davor, woanders zu landen als Arno.

Er stand vor mir mit seiner Familie. Sie waren dran, und ich sah das Papier mit dem Buchstaben R.

Was ich wohl bekommen würde? Es kam mir vor wie ein Glücksspiel.

Das Ergebnis war schlecht. Wir wurden in den Transport S eingereiht.

Das, was ich am meisten fürchtete, war eingetroffen. Arno und ich wurden getrennt. In meiner Verzweiflung und Enttäuschung wollte ich auf den Knien flehen und bitten, mit ihm zusammen reisen zu dürfen. Aber ich wußte, daß das nichts helfen würde, ganz im Gegenteil. Im Saal herrschte Spannung, und es gab genug Lärm. Die Deutschen schrien ihre Befehle: »Aufschließen, aufschließen! Schnell, schnell! Wir wollen fertig werden.« Ohrfeigen begleiteten gelegentlich die Weisungen.

Trotz dem Chaos sah ich plötzlich, daß meine Mama, die als erste von uns vor dem Beamten stand, die Nummer S 204, mein Bruder S 205 und die Schwester S 206 in Händen hielten, während ich S 716 hatte! War das die eisige Hand des Schicksals? Was sollte das bedeuten? Im gleichen Transport und doch getrennt? Ist das ein gutes oder ein schlechtes Vorzeichen? Sofort entschloß ich mich für »schlecht«. Mir war übel, daß man uns im Handumdrehen zu bloßen Nummern gemacht hatte und unseres Lebens nicht achtete. Entschlossen, mit Arno bis ans Ende der Welt, ja in die Hölle zu gehen, war ich nun ganz allein, getrennt von ihm und abgesondert von meiner Familie.

Der Transport R sollte am 16. Januar 1942 abgehen. Ziel unbekannt. Bekanntgegeben wurde nichts. Vielleicht ging er nach Terezín, vielleicht auch nicht. Nichts konnte mich beruhigen. Arno wird von mir gerissen. Warum mußte unsere Liebe so kurz sein? Vielleicht wird Gott im Himmel sich doch noch erbarmen und uns beide an den gleichen Ort schicken. Ich hoffte innigst, daß dies nicht das Ende aller Tage sei. Ich half Arno beim Packen, dann nahm ich das Kettchen mit dem Kleeblatt, das ich um den Hals trug, und gab es ihm: »Das nimm mit als Talisman.«

Am nächsten Morgen fuhren sie ab.

Unser Transport mit dem Buchstaben S war vier Tage später an der Reihe – am 20. Januar. Zum Trauern war keine Zeit. Wir mußten doch die nötigen Vorbereitungen treffen. Jeder durfte einen Koffer und eine Rolle Bettzeug mitnehmen. Dazu gehörte ein Polster, ein Bettuch und womöglich eine Daunendecke. Das mußte gerollt in einen Leinensack gesteckt und dieser mit der

Transportnummer versehen werden. Ebenso der Koffer, mit weißer, möglichst großer Schrift auf der Vorderseite.

Die Frage war, was man mitnehmen sollte. Kleidung? Lebensmittel? Für den Winter oder auch für den Sommer? Für wie lange? Jeder hatte einen anderen Ratschlag. Eine Nachbarin ließ es sich nicht nehmen, warme und bequeme Schuhe vorzuschlagen. Für den Fall langer Märsche. Sie meinte, auch warme Wäsche und Handschuhe sowie eine Wollmütze wären nützlich. »Die Hände, die Füße und der Kopf müssen warm bleiben.«

Andere Meinungen gaben Lebensmitteln den Vorzug. Brot, Schmalz in Blechkonserven und so. Auch unser ehemaliger Buchhalter stellte sich ein. Er war von seinem 15. Lebensjahr an ein treuer Mitarbeiter meines Vaters gewesen und vom Lehrjungen aufgestiegen. Er hatte sich umgehört und meinte:

»Keine Kleidung oder Eßwaren. Nur das nicht. Seife ist wichtig und genügend Zigaretten, denn diese sollen ›dort‹ die beste Valuta sein, für die man alles kaufen kann – Brot, Schuhe und irgendwelche Vorteile. Vielleicht sogar das Leben.« Zigaretten hätten im Lager einen höheren Wert als Gold. Er hätte das von jemandem, der die Gendarmen kenne, die in Theresienstadt Wachdienste verrichteten. Die müßten das wissen.

Er hatte recht. Zigaretten waren angeblich das beste Zahlungsmittel, Seife wurde nur auf Marken abgegeben, es gab immer weniger zu kaufen. Trotz schlechter Qualität Mangelware.

So packten wir in unsere Koffer von allem etwas. Warme Kleidung, etwas zu essen, vor allem Konserven, Seife und Zigaretten, dieses Kriegszahlungsmittel – soweit Platz im Koffer war.

Dann brachten wir sorgfältig die Wohnung in Ordnung, so wie immer, wenn wir im Sommer in Urlaub fuhren. Damit wir uns nach unserer Rückkehr richtig zu Hause fühlen könnten. Zuletzt setzte ich mich ans Klavier und spielte Dvořáks Walzer in Des-Dur und »Frühlingsrauschen« von Christian Sinding. Aus beiden Kompositionen strömte Hoffnung. Zum Abschied streichelte ich das Instrument und verschloß seinen Deckel, sogar mit dem Schlüssel, damit ihm nichts passierte, bis ich wiederkäme.

Theresienstadt – Terezín

Am nächsten Morgen bereiteten wir uns zum Verlassen des Hauses vor. Es war Dienstag, der 20. Januar 1942. Frost mit 12 Grad unter Null wartete draußen auf uns. Ansonsten blauer Himmel und Sonnenschein. Ein schöner Wintertag, an dem man gerne lebt. Wir luden die Koffer und die anderen Gepäckstücke auf einen zweirädrigen Karren und begaben uns zum Bahnhof. Mein Bruder und ich zogen ihn, Mutter und Schwester schritten hinterher wie bei einem Begräbnis. Leute, denen wir begegneten, schauten lieber weg oder verschwanden schnell im nächsten Haus, damit ihnen niemand ansähe, was sie sich wohl dachten. Fühlten sie mit uns oder empfanden sie Schadenfreude? Einige munterten uns sogar laut auf: »Macht euch nichts draus. Ihr kommt ja bald wieder.«

Andere näherten sich vorsichtig und flüsterten: »Jetzt seid ihr an der Reihe, demnächst wir.«

Zufällig begegneten wir auch meiner Mitschülerin Věra. Sie trug Wollstrümpfe, einen warmen bunten Pullover, eine gehäkelte rote Mütze und passende Handschuhe. An einem Riemen hingen ihre Schlittschuhe. Sie blieb stehen. »Wohin geht ihr?«

»Ich weiß es nicht. Man sagt uns nichts. Wahrscheinlich kommen wir in ein Konzentrationslager.«

»Das ist blöd. In der Nacht war es sehr kalt. Das Eis wird gut sein. Schade, daß du nicht mitkommen kannst. Aber vielleicht kommt ihr noch vor Ende des Winters zurück, und das Eis wird sicher halten. Also ahoj.«

»Ahoj.«

Věra ging eislaufen und ich einer unbekannten Zukunft entgegen.

In der benachbarten größeren Stadt stand schon auf einem Nebengeleis ein Zug und davor eine Menge Menschen, Junge, Alte, Mütter mit Kindern.

Rundum auf der Erde lagen ihre Gepäckstücke mit den weißen Nummern. Uniformierte SS-Männer hielten im Hintergrund Wache, manche hatten sogar Hunde an der Leine. Andere liefen herum und grölten ihre Befehle. »Alle einsteigen! Los, los! Schnell, schnell!« Sie zwängten die Menschen in die Waggons. Allgemeines Durcheinander. Kinder weinten laut, die Mütter versuchten sie zu beruhigen, obwohl sie selbst Angst hatten. Alte Leute hatten Schwierigkeiten beim Einsteigen und mußten dafür Hiebe einstecken.

In den Ohren klang Vaters Stimme: »Nur Ruhe. In der Ruhe liegt die Kraft.«

Wo er jetzt wohl sein mochte? Seine Nachrichten werden wir nicht mehr erhalten, und er wird nie erfahren, wohin man uns verschickt hat. Jetzt muß jeder für sich allein kämpfen. So gut er es vermag.

Und was ist mit Arno? Wo er sich wohl jetzt aufhält? Ob wir einander nochmals sehen werden? Das Leben präsentierte uns plötzlich lauter Fragezeichen.

Der überfüllte Zug fuhr ab. Die Waggons waren sorgfältig verschlossen worden, und mit uns fuhren Angehörige der Schutzpolizei in braunen Uniformen. Alle waren betrunken. In der Hand hatten sie Peitschen mit einer Bleikugel am Ende. Unentwegt gingen sie hin und her. Sobald sie »Achtung!« schrien, mußten sich alle erheben und Haltung annehmen. Wer schlief, bekam die Peitsche im Gesicht zu spüren. Wehe, wenn jemand nicht glatt rasiert war, den nahmen sie sich vor und malträtierten sein Gesicht, bis die Haut blutete. Blut brauchten sie scheinbar zu ihrer Unterhaltung. Allmählich nahm ich die deutschen Grausamkeiten und den Sadismus zur Kenntnis, ohne jemals dafür das geringste Verständnis aufzubringen. Vor den Fenstern zog die sanfte Landschaft vorbei, die wir so gut von unseren gelegentlichen Reisen nach Prag zur Großmutter kannten – wie sehr hatte ich mich immer auf den herzlichen Empfang am Wilson-Bahnhof gefreut.

Und jetzt saß ich wie ein Häftling in einem verschlossenen Waggon, und es war mir, als ob die Gegend auf uns schauen würde. Mit ihren vereinzelten schwarzen Krähen auf den Feldern sah sie traurig aus.

Der Zug machte gelegentlich halt auf Nebengeleisen kleinerer Bahnhöfe und brauchte für die verhältnismäßig kurze Strecke zwei Tage und Nächte. Unser Zielort war Leitmeritz, unweit von Theresienstadt. Ich konnte kaum das Verlassen des Waggons erwarten. Theresienstadt bedeutete doch, daß Arno wieder da wäre. Er wartete wohl ebenso ungeduldig auf mich wie ich auf ihn. Bald würden wir einander wiederfinden, und an Umarmungen sollte es nicht fehlen – nur Geduld! Theresienstadt oder Terezín – das war doch die Stadt meiner Träume, wohin ich im Augenblick am meisten wollte. Also wandte sich der liebe Gott doch nicht von uns ab.

Arno bildete im Augenblick den Mittelpunkt meines Lebens, und meine Sehnsucht, ihn wiederzusehen, war riesengroß. Hunger, Kälte, Unbequemlichkeiten, Angst vor den Deutschen – nichts davon konnte mich schrecken, denn wichtig war, wieder bei Arno zu sein und ihn an den Händen zu fassen.

Allmählich wurden die Mauern von Terezín sichtbar, und im Tor der Festung stand ein tschechischer Gendarm in seiner grünen Uniform. Die Unsicherheit über das Ziel unserer Fahrt war verschwunden.

Wir waren also nicht irgendwo im Ausland, sondern hübsch daheim, was uns merklich beruhigte. Die Gendarmen sprachen miteinander Tschechisch, was wir auch als gutes Vorzeichen ansahen. Unsere Kolonne wurde in die Innenstadt geführt, die durch enge parallele und rechtwinklig dazu verlaufende Gassen in Blöcke von niedrigen Häusern aufgeteilt war. Höher als diese waren etwa zehn Kasernen, aufgeteilt in riesige drei- bis vierstöckige Gebäude mit großen Höfen. Zur Hofseite hatten sie in jedem Stockwerk lange offene Gänge.

Theresienstadt war bisher eine Garnisonsstadt gewesen – mit Militär in den Kasernen und der Zivilbevölkerung in den Wohnhäusern. Zur Zeit unserer Ankunft war das Militär verschwunden, jedoch nicht die Zivilbevölkerung, die etwa 5000 Seelen zählte.

Jede Kaserne hatte ihren zumeist deutschen Namen. Es gab also eine Dresdner Kaserne, kurz nur Dresden genannnt, ebenso Hamburg, Magdeburg, Hannover, Sudeten, Hohenelbe und andere.

Männer und Frauen wurden gesondert untergebracht. Die Sudeten und Hannover waren für Männer bestimmt, in Dresden und Hamburg wohnten nur Frauen.

Magdeburg war das neue Zentrum. Dort befand sich der Sitz der jüdischen Lagerleitung mit dem Ältestenrat und der Zentralverwaltung. Am Hauptplatz der Stadt stand das Gebäude der deutschen Kommandantur.

Aus unserem Transport wurden die Männer in die Sudetenkaserne gesteckt, wir fanden in Hamburg eine Bleibe. Meinen Bruder verloren wir so aus den Augen und blieben zu dritt.

Im Hof der Kaserne mußten wir auf die Zuweisung der Schlafplätze in den einzelnen Unterkünften warten, in die man von den erwähnten Außengängen gelangte.

In jedem Raum waren von den Männern des Transports AK 1 dreistöckige Holzpritschen aufgestellt worden. Unser künftiger Lebensraum war 1,6 Quadratmeter groß. Etwa vier oder fünf Bettgestelle füllten, durch schmale Gänge getrennt, jedes Zimmer, das jeweils zwölf bis fünfzehn Insassen aufnahm.

Im Zug waren wir von den Deutschen auf das Schlimmste vorbereitet worden – Liegen auf Beton in ungeheizten Hallen. Als wir wider alles Erwarten so etwas wie ein Bett in einem gemauerten Haus beziehen und dort unsere mitgebrachten Decken ausbreiten konnten, waren wir ganz zufrieden.

Wir fanden Unterkunft in der zweiten Etage des Hauses auf einer Pritsche am Fenster. Mutter blieb unten, meine Schwester nahm die Mitte in Besitz, und ich quartierte mich ganz oben ein – das Familienhaus war fertig. Unser Gepäck ließen wir unter Mamas Bettstatt, für die Mäntel schlugen wir ein paar Nägel in die Wand, und am Fenster fand das wenige Eßgeschirr, das wir hatten, seinen Platz. Schnell waren wir eingerichtet.

Wie befohlen, wählten wir eine Zimmerälteste, die für Ruhe und Ordnung im Zimmer zu sorgen hatte. Auch mußte sie zweimal in jeder Woche das zugeteilte Brot verteilen. Solange wir noch mitgebrachte Lebensmittel hatten, war das Brot eine angenehme Dreingabe. Später allerdings paßte man viel genauer auf, ob jeder Laib gerecht in genau gleich große Teile zerschnitten wurde.

Schnell mußten wir uns an das Zusammenleben mit anderen, fremden Menschen gewöhnen. Wir waren zwar alle in derselben Lage, aber jeder reagierte auf seine Weise und benahm sich entsprechend. Ältere Frauen waren meist deprimiert, daher oft unverträglich, und hörten nicht auf, sich über das oder jenes zu beschweren. Wir Jüngeren gingen die Sache sportlicher an, manche hatten ja Erfahrungen aus sommerlichen Jugendlagern. Uns machte es also wenig aus, mit neuen, unbekannten Menschen Freundschaft zu schließen.

Liebe im Keller

Mir lag vor allem daran, wo und wann und wie ich Arno treffen konnte. Alle Kasernen waren verschlossen, und niemand durfte sie verlassen. Arno, der in einem Gebäude um die Ecke hauste, war von mir so weit entfernt, als ob er auf einem anderen Planeten lebte. Ich begann ungeduldig zu werden. Jetzt war ich schon eine Woche da und hatte keinerlei Verbindung aufnehmen können. Was, wenn man ihn oder uns inzwischen weiter nach Osten (so sagte man) schickte? Dann würden wir einander wohl nie wiedersehen? Das Leben begann für mich eine absurde Gestalt anzunehmen. Der Gedanke jedoch, daß er hier um die Ecke noch lebt, atmet, schläft und wohl ebensosehr an mich denkt wie ich an ihn, tat mir wohl. Es mußte sich doch eine Gelegenheit finden, die Kaserne zu verlassen.

Lange mußte ich nicht warten.

Plötzlich wurde verlautbart, daß Kartoffeln für die Küche gekommen wären. Ich lief hinaus, und da hörte ich ganz klar und laut unsere gepfiffene Erkennungsmelodie:

Taa ta ta taaa taa ta da ta taaa

Arno! Ich versuchte einen Blick nach draußen zu tun und wäre dabei fast aus dem zweiten Stockwerk in den Hof gefallen. Arno stand tatsächlich mit noch sechs anderen Männern unten am Wagen mit den Kartoffeln. Auf seinem Winterrock trug er eine Binde. Er blickte hin und her und versuchte, etwas zu erspähen. Mich.

Ich lief, so schnell ich nur konnte, hinunter, und bald konnte ich ihn gut sehen. Inzwischen hatte jemand begonnen, eine Gruppe von zwanzig Frauen zum Kartoffelschälen zu organisieren. Die anderen mußten zurück in die Unterkünfte. Blitzschnell hatte ich mich gemeldet und wurde eingereiht. Arno und die Männer hatten inzwischen begonnen, die Kartoffeln abzuladen. Die Entfernung zwischen uns betrug nur wenige Schritte. Verzweifelt versuchten wir einander näher zu kommen. Aber wie und wo?

In dem Gewirr am Hof gelang es uns doch, in den ersten besten Gang mit Stiegenhaus zu entkommen. Wir liefen hinunter und fanden einen leeren Keller mit Kojen hinter Eisentüren. Die Zeit drängte, die Leidenschaft war brennend. Wir versuchten die uns nächste Tür aufzumachen – vergeblich! Bei der zweiten das gleiche Ergebnis. Macht nichts, schnell zur dritten! Wir zitterten vor Aufregung und achteten keiner Gefahr. Die dritte Tür öffnete sich endlich mit Quietschen.

Gleich hinter der Tür begannen wir in schrecklicher Finsternis uns leidenschaftlich zu küssen und zu umarmen. Alles um uns war versunken – nicht nur die Kaserne und die Deutschen, sogar Theresienstadt und die Zeit. Nur wir waren da. Jetzt. Miteinander. Eine Seele, ein Leib. Allein im Weltall. Ich weiß nicht, wie lange dieser Zustand anhielt.

Plötzlich hörten wir Schritte. Soldatenstiefel. Kein Zweifel. Eine deutsche Patrouille. Nach dem Rhythmus der Schritte waren es drei. Dann hörten wir auch ihre befehlsgewohnten Stimmen.

Es war klar, daß unser Ende unmittelbar bevorstand. Wenn sie uns hier fänden, müßten wir mit dem Tode bestraft werden. Sehnlichst wünschte ich mir, nicht gefoltert zu werden.

Sie schlossen die erste Tür auf und schauten in den Raum.

Dann die zweite. Wir drückten uns eng umschlungen an die Wand. Jetzt waren wir an der Reihe. Sie waren überrascht, daß die Tür nicht zugeschlossen war.

»Was ist da los?« sagte einer und riß die Tür auf. Im engen Raum allerdings krachte die Türkante an die Mauer, wodurch ein Dreieck blieb, das nicht eingesehen werden konnte. Und gerade dort befanden wir uns, ineinander verschlungen. Wir hörten auf zu atmen. Der SS-Mann trat in den Eingang, wir sahen seine Schuhe. Nur die Tür stand zwischen ihm und unserem Tod.

»Macht doch mal Licht!« kam ein Befehl. Uns blieb das Herz stehen. Der Lichtkegel einer Taschenlampe kreiste durch den Raum. Endlos lange. Der aufgewirbelte Staub kroch mir in die Nase und reizte mich zum Niesen. Mit größter Anstrengung widerstand ich und wendete so die sichere Katastrophe ab. »Weitergehen!« lautete der Befehl. Sie hatten uns also nicht entdeckt, schalteten das Licht aus und schlugen die äußere Kellertür mit Getöse zu.

Was, wenn sie uns jetzt hier einschlössen? Was würden wir tun? Sie taten jedoch gar nichts und verschwanden. Es dauerte eine Weile, bis wir wieder zu atmen wagten. Dann warteten wir noch, bevor wir die Stiege hinauf in den Hof liefen, wo das Abladen der Kartoffeln inzwischen beendet war. Schnell setzte ich mich zu den anderen Frauen und begann meine Arbeit, während Arno es noch schaffte, mit seiner Gruppe und dem Wagen den Hof zu verlassen. Nur mit den Augen konnten wir uns verabschieden. Wahrscheinlich für längere Zeit, aber als Trost blieb die so schöne Erinnerung an unsere Begegnung.

Mehr und mehr Transporte kamen aus Prag und anderen Städten. Mit ihnen waren Verwandte und Bekannte angereist, mit denen wir uns daheim aufgrund der geltenden Vorschriften nicht treffen durften. Jetzt war es in Grenzen wieder möglich. Eines Tages kam auch die Großmama aus Prag, und uns gelang es, sie in unsere Unterkunft zu schleusen, wo wir für ein Päckchen Zigaretten sogar einen Platz auf der Nebenpritsche ergattern konnten. Besonders meine Mutter war zufrieden, da sie sich so leichter um Großmutter kümmern konnte.

Da die Zahl der Neuankömmlinge ständig stieg, mußten mehr und mehr Einheimische den Ort verlassen. Es schien tatsächlich, daß Theresienstadt zum ständigen Wohnort aller Juden aus Böhmen und Mähren auserkoren war. Es kam sogar zu einer Lockerung der Vorschriften, und man durfte jetzt mit einem Passierschein aus verschiedenen Gründen die Kaserne verlassen und eine andere aufsuchen. Die Trennung der Geschlechter war in gewissem Sinn aufgehoben.

Arno hatte es leicht. Er arbeitete bei der sogenannten Spedition, und deren Männer hatten zwangsläufig die größte Bewegungsfreiheit. Sie brachten auch regelmäßig Proviant in unsere Kaserne, und nach dem Pfiff konnten wir einander wenigstens kurz sehen und uns über die wichtigsten Dinge austauschen.

Mein permanenter Arbeitsplatz blieb beim Kartoffelschälen. Die Schalen wurden als Schweinefutter an deutsche Bauern in der Umgebung abgegeben. Man konnte aber immer ein paar für sich behalten und sie als Zutat für eine auf dem Eisenofen gekochte Suppe verwenden.

Es war wohl unvermeidbar, daß in den überfüllten Stuben Flöhe und Wanzen auftauchten. Leider vermehrten sie sich so schnell, daß unser Kampf gegen sie aussichtslos blieb. Nicht selten fielen die Parasiten auch in die Suppe, was niemanden daran hinderte, nach Herausfischen des ungebetenen Gasts weiterzuessen.

Im März erschien Arno ganz unerwartet und brachte mir ein Geschenk zum Geburtstag. Aus kleinen Brettern, die er irgendwo gefunden hatte, machte er einen handlichen Klappsessel. Er bekam in unserer Wohnecke als erstes privates Möbelstück Platz, und jeder durfte ihn benutzen. Voller Freude ritzte ich Arnos Namen ein.

Der Winter ging seinem Ende zu, und mit dem nahenden Frühling stieg die Hoffnung, bald wieder nach Hause zu dürfen. Die Wirklichkeit sah jedoch ganz anders aus. Nicht nur, daß mehr und mehr Transporte kamen, es begannen auch Transporte abzugehen, deren Bestimmungsort niemand kannte. Man sprach nur davon, daß sie »nach Osten« gingen.

Davor hatten alle Angst, denn man konnte nicht einmal ahnen, was dort auf die Leute wartete. Zurückgekommen war nie jemand, und verläßliche Nachrichten gab es nicht. Das Wort »Transport« bekam die Bedeutung von etwas Schrecklichem, Bösem. Nichts war vorhersehbar – der eine Transport bestand nur aus Familien, ein anderer nur aus Leuten, die über 65 Jahre alt waren. Dann wiederum kamen nur junge Männer an die Reihe. Befürchtungen und Angst beherrschten die Gedanken. Solange man in Terezín war, glaubte man in gewisser Sicherheit, ja zu Hause zu leben.

Die Zentrale Meldestelle in der Kaserne Magdeburg arbeitete im Schichtbetrieb ohne Unterbrechung. Menschen kamen, Menschen gingen. Jeder mußte registriert werden: Name, Alter, Transportnummer. Im Fall der Verschickung mußte man sich nach Erhalt der Vorladung (auf rosa Papier) binnen 24 Stunden an einem Rangierbahnhof einfinden und dort in die bereitgestellten Viehwaggons einsteigen. Diese wurden nicht nur zugemacht, sondern sorgfältig mit Plomben versehen. Dann fuhren sie ab – Ziel unbekannt.

Mitten im Juni kam auch Arno mit seiner Familie an die Reihe. Er kam, es mir zu sagen – ohne Passierschein oder Arbeitsauftrag. Er hatte keine Angst, erwischt zu werden. Als ob er gar nichts mehr zu verlieren hätte, sagte er nur: »Wir sind ein Straftransport als Vergeltung für das Attentat auf Heydrich in Prag. Diesmal sind es zweitausend Menschen.«

Mich betäubte der Gedanke, daß Arno schon morgen wegfahren sollte.

Am Morgen wachte ich gegen vier Uhr auf. Arno stand auf der kleinen Leiter zu meinem Bett. Er war schon im Mantel und transportbereit. Wie er in unsere Kaserne kam, habe ich nie erfahren. Jedenfalls war er atemlos und sehr aufgeregt. Er nahm meine Hand und steckte mir einen schmalen Blechring an den Finger, mit den Worten: »Das ist unser Trauring. Er wird dich schützen. Sollten wir überleben, werde ich dich nach dem Krieg schon irgendwo finden.«

Er umarmte mich, gab mir einen Kuß – und war weg. Um fünf Uhr verließ sein Transport den Bahnhof.

In den selbstgefertigten Ring hatte er eingraviert:
Arno 13. 6. 1942.

Nach seiner Abreise war Theresienstadt für mich wie menschenleer. Niemals mehr hörte ich das ersehnte Pfeifen, ich hatte nichts mehr, worauf ich mich freuen konnte. Arno war mit seinem

Transport verschwunden, und es gab nicht einmal Mutmaßungen, wohin man ihn gebracht hatte. Es war unmöglich, irgendeine Information zu bekommen.

Gab es Unterschiede zwischen den Transporten »nach Osten« und einem »Straftransport«? Eine Antwort auf diese Frage gab es nicht. Ich hoffte, daß Arno, erfinderisch und mutig, sich allen neuen Lebensbedingungen anpassen und aus eigener Kraft alle Qualen, die auf ihn warteten, überleben würde. Der Krieg mußte doch bald ein Ende nehmen, und dann würden wir einander schon wiederfinden.

Der Ring am Finger verband uns über alle Entfernungen.

Für Trauer und Tränen war jetzt keine Zeit. Uns alle hatte eine schreckliche Tragödie heimgesucht, die einer Naturkatastrophe vergleichbar war. Es blieb nur die Hoffnung und der Entschluß, auszuharren.

Wie oft mußten wir uns nun von so vielen Menschen verabschieden, Gesundheit und glückliche Heimkehr wünschen!

Jedermann hoffte, daß all dieser Wahnsinn, diese Riesenwelle von Wut und Haß, bald ein Ende nähme und daß wir dann alle miteinander ein neues Leben beginnen könnten.

Der Frühling ging vorbei, ohne daß jemand – wie es liebe Nachbarn bei unserer Abreise prophezeit hatten – in seinen Wohnort zurückgekehrt wäre.

Ich dachte daran, daß das Eis auf dem Teich längst geschmolzen war und Věra ihre Schlittschuhe für den nächsten Winter in die Kammer gelegt hatte. Jetzt gibt es dort Weidenkätzchen in Hülle und Fülle. Ob ich sie wohl noch jemals sehen würde? Wir aber lebten in einer anderen Welt, wo nichts blühte und nichts wuchs. Nur Freudlosigkeit zwischen Kasernenmauern. Nur die Erinnerung an unsere Liebe und die Minuten im Keller wärmte mir das Herz.

Das Leben in Terezín

Die Evakuierung der Einheimischen wurde beschleunigt und die Stadt von Transporten geradezu überflutet. Jetzt kamen auch welche aus Aachen, Köln, Berlin usw.

In den Transporten aus Deutschland waren meist ältere Leute mit viel Gepäck. Man hatte ihnen eingeredet, daß sie in Badeorte mit gesundheitlicher Fürsorge und gesellschaftlichem Leben gebracht würden. Sie packten also die entsprechende Kleidung ein, vergaßen selbst Balltoiletten mit langen Handschuhen und Hütchen mit Federn nicht.

Diese Koffer und Taschen wurden auf schwarze Begräbniswagen mit ihrer eigentümlichen Dekorierung geladen. Anstatt Pferden zogen je zehn junge, starke Männer aus der Speditionsabteilung die einzigen Fahrzeuge, die zur Verfügung standen. Es fanden darauf auch Brot und Lebensmittel, gelegentlich sogar Gehbehinderte aus Transporten ihren Platz. Ganz natürlich auch Verstorbene zur Fahrt ins Krematorium.

Manchmal glich die Stadt einem Bienenstock. Ankünfte, Abreise in unaufhörlicher Folge. Allmählich wuchs die Zahl der zwangsweise hier Angesiedelten auf 60 000 Personen. Daher mußte jeder halbwegs geeignete Raum als Unterkunft genutzt werden. Als die Kasernen überfüllt waren, kamen die Häuser der ehemaligen Zivilbevölkerung dran, und schließlich wurden sogar ehemalige Schaufenster von Geschäften genutzt. Überall wurden die dreistöckigen Holzpritschen aufgestellt. Positiv zu vermerken ist, daß man sich jetzt innerhalb der Festungsmauern frei bewegen und einander besuchen konnte, was uns eine Wendung zum Guten schien und zu optimistischen Prognosen Anlaß gab.

Wie schade, daß Arno nicht mehr da war, für Abenteuer schienen die Umstände günstig zu sein.

Mit einem Prager Transport erschien eines Tages die Familie meines Vetters Fritz, der mir seinerzeit den Zauber des Liedes »You Are My Lucky Star« nahebrachte. Als er mit einem der ersten Transporte nach Terezín ging, glaubten seine Eltern ganz und gar nicht daran, ihn je wiederzusehen. Und plötzlich geschah es. Es hätte nicht unbedingt an diesem grausigen Ort sein müssen, aber so war es eben. Die Freude war trotzdem überschwenglich, auch Tränen fehlten nicht. Ein großes Familientreffen wurde veranstaltet – ganz wie früher. Da auch frische Lebensmittel aus Prag nicht fehlten, schien das Lagerleben plötzlich nicht so furchtbar zu sein. Aber diese Freude währte nicht lange. Schon zehn Tage später wurden die Familienangehörigen meines Vetters in einen Osttransport gesteckt, und es gab Tränen beim Abschied.

Fritz und ich blieben. Es schien, daß vorerst junge, gesunde, arbeitsfähige Menschen nicht verschickt wurden, denn man mußte ja den Betrieb des Lagers aufrechterhalten.

So bekam jeder Arbeitsfähige seine Aufgabe. Terezín schien die Züge eines Kleinstaats mit eigener Verwaltung anzunehmen. Deren Leitung hatte der Ältestenrat, der ein eigenartiges Triumvirat war. Drei gelehrte Akademiker mit Doktortitel, den jeder an einer anderen Universität erworben hatte – in Prag, Berlin und Wien. Die drei hatten sogar ähnliche Namen: Dr. Edelstein, Dr. Epstein und Dr. Murmelstein. Es war alles in allem eine besondere Konstellation.

Die Aufgabe, die der Rat von den Deutschen erhalten hatte, bezog sich vor allem auf die perfekte Organisation des Lagerlebens, beinhaltete aber auch die Zusammenstellung der Transporte von jeweils 1000 Menschen nach Osten. Es nutzte nichts, daß sich das Gewissen aller Beteiligten sträubte.

Deutsche bekamen wir auf den Straßen kaum zu sehen. Die saßen in ihrer Kommandantur, wo sie ihre Befehle erließen, Vergehen bestraften und auf die reibungslose Durchführung der Transporte achteten.

Uns beunruhigte am meisten, daß niemand wußte, was mit den zur Abreise Gezwungenen später passierte.

In der Küche

60 000 Menschen dreimal täglich zu verpflegen (wenn auch ungenügend) war keine leichte Aufgabe. In den Kellern der großen Kasernen wurden daher Küchen eingerichtet, von denen jede für etwa 6000 Kostgänger sorgen mußte.

Ich avancierte vom Kartoffelschälen und kam in die Küche der Hannover-Kaserne. Dort sah es gar nicht nach Küche aus, viel eher nach industrieller Warenproduktion. An den drei Seiten des riesigen Raums standen Kessel mit 50 Liter Inhalt direkt auf Feuerstellen. Heizer in einer Küche zu sein war eine prominente und sehr begehrte Stellung.

Vor jedem Kessel stand ein hölzerner Tritt, auf dem wir standen, um mit einer grossen Schaufel umrühren zu können. Delikatessen oder Spezialitäten gab es natürlich nicht. Morgens »Kaffee«, der aus irgendwelchen Ersatzstoffen zusammengebraut wurde. Mittags gab es ein- bis zweimal in der Woche Fleisch – mal ein Stück Pferd mit brauner Soße und eine Kartoffel. Manchmal wurde auch so etwas wie Gulasch vorbereitet. Regelmäßig standen Hefeknödel auf dem Speiseplan. Zucker gab es nicht, nur braunen Süßstoff aus Surrogaten. Nicht selten bekamen wir nur Wassersuppe, in der eine Kartoffel und ein Stück Rübe schwammen. Abends wieder »Kaffee«.

In der Küche wurde in drei Schichten durchgearbeitet. Die jeweils erste Gruppe begann um zwei Uhr nachts und war bis zehn Uhr vormittags tätig, dann ging es im Intervall von acht Stunden weiter. Jede Arbeitseinheit umfaßte fünfzehn bis zwanzig Personen, Burschen und Mädchen. Ein Leiter war für unser Tun verantwortlich. Wir bekamen Gummistiefel – in der Küche war es ständig naß, und der Betonfußboden mußte oft gereinigt werden. Auf Hygiene wurde geachtet, aber unvorhersehbare Fälle waren unvermeidbar. So lief einmal nachts, als wir gerade Gulasch kochten, über die Rohre an der Wand eine große graue Ratte. Allgemeine Aufregung. Die Mädchen kreischten, doch die Jungen schritten zur Tat. Die Ratte war vor Schreck stehengeblieben und schätzte die Situation ein. Das hätte sie wahrscheinlich nicht tun sollen.

»Schau mal, Otto«, sagte einer, der ganz nahe stand, aber nichts in Händen hatte, »schlag doch mit deiner Schaufel drauf, damit sie in den Kessel fällt!« Gesagt, getan. Otto holte zum Schlag aus und traf. Die Ratte fiel prompt in den Kessel mit dem Gulasch. Alle schrien jubelnd durcheinander: »Wir haben eine Ratte erwischt!«

Unser Leiter war gar nicht zufrieden und gab lakonisch die Anweisung: »Sofort herausfischen und Stillschweigen bewahren!«

Aber Otto, der Sieger, traute sich einzuwenden: »Laßt sie nur drin. Wenigstens gibt es mehr Fleisch.«

Jede Küche wurde von der WIPO, der Wirtschaftspolizei, kontrolliert, um Diebstähle von Lebensmitteln zu verhindern. Die Mengen aller Zutaten waren von den Deutschen genau bemessen worden. Die WIPO war unsere interne Einrichtung, und weil ihre Mitglieder letztendlich für jegliches Verschwinden von Lebensmitteln verantwortlich waren, benahmen wir uns in dieser Hinsicht mustergültig, und alles klappte.

Die Sperrstunde in der Stadt war auf 20 Uhr angesetzt und mußte streng eingehalten werden. Wenn jemand nach dieser Zeit irgendwo draußen angetroffen wurde, gab es Strafen verschiedener Art. Wer sich im Rahmen seiner Pflichten dort aufhielt, mußte einen Passierschein vorweisen. Wir von der Küche, die wir auch nachts arbeiten mußten, hatten solche permanente Bewilligungen.

In der Nacht waren also alle Gassen und Straßen leer und völlig dunkel. Deshalb hatte ich immer eine kleine Taschenlampe bei mir. Sie war ein Schatz. Ich hatte sie nur so mitgenommen, und jetzt brauchte ich sie ständig. Sie sah aus wie eine kleine graue Maus und paßte in die Handfläche. Sie hatte nebenbei den Vorteil, daß man sie durch Bewegen eines kleinen Hebels immer wieder aufladen konnte. Dabei entstand ein quietschendes Geräusch – etwa wie ujiiiiujiiiujiii. So schien es mir, daß ich nicht allein unterwegs war.

Bei diesen nächtlichen Gängen hatten wir aber immer ein Gefühl von Sicherheit und (scheinbarer) Ruhe. Überall herrschte Stille, nirgends sah man ein Lebewesen. Als ob dort nicht 60 000 müde und hungrige Menschen existierten, die in unruhigem Schlaf auf ihr weiteres Schicksal warteten. Nicht einmal ein Hund oder eine Katze lief einem über den Weg.

Das Essen wurde dreimal am Tag verteilt, und das war für viele die logische Gliederung der Zeit.

Vor der Küche stellten wir in eine Nische ein großes Faß mit der Suppe, die wir gerade gekocht hatten. Eine von uns hatte einen genau für eine Portion bemessenen Schöpflöffel in der Hand. Vor dem Faß stand jemand vom Menagedienst mit einer kleinen

Zwickzange in der Hand und entwertete den entsprechenden Kupon auf einer Karte, die jeder vorweisen mußte. Noch bevor wir mit der Ausgabe des Essens begannen, formierten sich unendlich lange Warteschlangen von Hungrigen, die ihr Blechgeschirr und zumeist nur einen Löffel in Händen hielten – und geduldig warteten. Alle hatten Hunger, niemand redete. Man sah ihnen an den Augen an, was für sie auch nur die eine Kelle warme Suppe bedeutete – vielleicht die Verlängerung des Lebens um einen einzigen Tag. Wir waren bei der Ausgabe immer traurig, besonders wenn wir eine zitternde Hand sahen und eine brechende Stimme hörten: »Von unten, bitte, Fräulein.«

Das war Ausdruck der Hoffnung, daß sich am Faßboden vielleicht doch etwas mehr an Kartoffeln oder Gemüse finden würde, wodurch nicht nur die Suppe, sondern der ganze Tag aufgewertet würde.

Wir taten, was wir konnten.

Täglich starben in Theresienstadt an die zweihundert Menschen. Nur merkte man ihren Abgang gar nicht, denn es kamen ständig immer mehr hinzu. Ein unendliches Ringelspiel.

Eines Tages tauchte mit einem Prager Transport auch Marta, meine Mitschülerin aus dem English Institute, auf. Wir begrüßten einander stürmisch und fühlten uns als Schwestern. Marta hatte inzwischen in Prag geheiratet. Ihr Mann war der ausgezeichnete Arzt Dr. Karel Bloch. Leider hatte er Tuberkulose. Er war mager, hatte aber lustige Augen. Die Tragödie der Krankheit hatte ihn nicht gezeichnet. Marta war glücklich. Beide wurden sofort in den Gesundheitsdienst eingereiht – als Arzt und Krankenschwester in Uniform. Sie konnten nicht zusammen wohnen. Wir verabredeten Zusammenkünfte, so oft es nur ging, und brauchten dafür keine eleganten Wohnungen oder eleganten Kaffeehäuser. Wir fühlten uns auch in unseren tristen Unterkünften wohl, wenn wir zusammen waren. Das war die Hauptsache.

Allmählich bewilligte das Wohnungsamt einigen Prominenten, auf den Dachböden der Kasernen ein kleines Quadrat für sich als privaten Wohnraum zu adaptieren. Man nannte das Mansarde. Dort durften auch Ehepaare gemeinsam wohnen. Es gab begreiflicherweise viele Interessenten. Die einen hatten ihre »Beziehungen«, die anderen bezahlten für eine Mansarde Schwarzmarktpreise. Schon nach kurzer Zeit gab es überall kleine Mansarden und sogar von Vorhängen verdeckte Erker, die die Dächer durchbrachen. Man konnte den Eindruck gewinnen, daß die Leute gedachten, bis in alle Ewigkeit dazubleiben.

In manchen Fällen wurden nur die Enden von langen Gängen durch eine Holzwand abgetrennt, und es entstanden sogenannte Kämmerlein für eine Person. Ich versuchte auch, so etwas zu bekommen, und begründete mein Gesuch mit den unregelmäßigen Arbeitszeiten in der Küche, was zu Schwierigkeiten beim Schlafen zu ungewöhnlichen Zeiten führte. In den großen Räumen mit vielen Menschen konnte man tagsüber einfach keinen Schlaf finden.

»Oben« hatte ich einige gute Bekannte, und die verhalfen mir zu so einem »Kumbal«, wie wir das auf tschechisch nannten. In einem Wohnhaus der Stadt erhielt ich das Ende eines Flurs zu meiner Verfügung. Sogar ein Fenster war dort. Kameraden aus der Tischlerei stellten die Wand auf, machten eine Tür mit Schloß, verfertigten eine hölzerne Bettstatt mit Matratze, und es gab sogar einen Klapptisch, einige Fächer und eine kleine Garderobe, wo man hinter einem improvisierten Vorhang Kleider und Mäntel aufhängen konnte. Unter das Fenster wurde ein Kanonenofen gestellt, der im Winter für angenehme Wärme sorgte. Meine neue Wohnung erinnerte allerdings eher an ein Abteil im Schlafwagen, war aber trotzdem in unserer Lage ein ausgesprochener Luxus. Meine guten Nachbarn waren – ähnlich untergebracht – der aus Prager Nachtlokalen wohlbekannte Musiker Wolfi Lederer mit seiner Frau.

Noch war ich nicht richtig »zu Hause«, und schon befand ich mich plötzlich in Lebensgefahr.

Marta und die Uniform

Ein Gerücht ging um, daß nunmehr nur sehr alte und kranke Personen verschickt werden sollten. Da mir aus diesen Gruppen niemand nahestand, ging ich ruhig zur Arbeit. Am nächsten Abend, etwa um zehn Uhr, sah ich aus dem Fenster zwei junge Männer mit einer Tragbahre in unser Haus eintreten. Wahrscheinlich wohnte auch hier jemand von diesen Unglücklichen. Ich fuhr in meiner Lektüre eines Buchs fort.

Da klopfte es an der Tür. Ich öffnete – und da standen die beiden mit der Trage. Zunächst dachte ich, daß sie nach jemandem, den sie nicht finden konnten, fragen wollten, aber keineswegs. Sie hatten einen Zettel in der Hand mit dem Namen Fantlová Zdenka.

Und sie fragten: »Das sind Sie?«

Die Situation schien absurd zu sein.

»Ja, das bin ich«, antwortete ich, als ob mich das gar nichts anginge. »Da handelt es sich wohl um einen großen Irrtum. Ich bin weder krank noch sehr alt.«

Sie schauten erneut auf den Zettel. »Aber hier steht ganz klar Ihr Name, also müssen wir Sie in die Hohenelber Kaserne bringen, wo sich die Sammelstelle für den Transport befindet.«

In solch einem Augenblick beginnt das Gehirn schneller zu denken. Wenn sie mich wegtragen, bedeutet das mein Ende. Also darf ich diesen Raum nicht verlassen. Mir fiel ein, daß mein Kamerad Pavel diese Nacht Dienst auf der Zentralstelle hatte. Er mußte mir helfen. Allerdings war nur wenig Zeit, die Männer warteten ungeduldig. Schnell ein Papier und Bleistift.

»Mein Name kam auf die Transportliste, sie wollen mich wegtragen, rate mir schnell, was ich tun soll.« Auf das gefaltete Papier schrieb ich den Namen des Adressaten, gab dem einen der beiden Boten eine Zigarette und bat ihn, so schnell als möglich nach »Magdeburg« zu laufen und umgehend mit einer Antwort von Pavel zurückzukommen. Das dauerte eine Weile, während ein Gedanke den anderen jagte.

So mir nichts, dir nichts kann ich doch nicht wegfahren, allein, ohne daß jemand davon weiß, daß ich verschwunden bin. Das ist doch unmöglich – aber hier ist alles möglich. Eine halbe Stunde später hatte ich die unerwartete Antwort in Händen: »Laß dich wegtragen. Alles andere werde ich einrichten.«

Also blieb mir nichts anderes übrig. Ich war überzeugt, daß ich bald wieder zurückkommen würde, und brauchte mich also nicht besonders anzuziehen. Nur im Nachthemd legte ich mich hin, nahm eine Decke, und es ging los.

Gegen elf Uhr nachts kamen wir in die Hohenelber Kaserne, die sich am Stadtrand befand. Gleich dahinter konnte man die Eisenbahngeleise sehen, auf denen schon die Waggons warteten.

Hinter dem Einfahrtstor stand ein Spalier von SS-Männern, von denen jeweils einer die Ankömmlinge kontrollierte und auf einer Liste ankreuzte. Anwesend waren auch zwei jüdische Ärzte. Es sah schlimm für mich aus. Ich konnte mir nur zu gut vorstellen, daß aus dem Sammelraum niemand mehr herauskam. Fluchtversuche endeten allgemein auf der Kleinen Festung mit Erschießen oder am Galgen. Ich schloß die Augen.

Jemand verlas Namen. Wer sich meldete, wurde weggebracht. Etwa nach einer halben Stunde hörte ich auch meinen Namen. Ich reagierte nicht. Stille. Geschlossene Augen. Ich darf mich auf keinen Fall melden. Es gibt doch noch einen Funken Hoffnung auf Rettung.

Ständig wurden mehr und mehr Leute gebracht. Viele waren aber inzwischen aus dem Saal verschwunden.

Fantlová Zdenka – hörte ich erneut. Mein Herz schlug schneller. Was, wenn es Pavel trotz bestem Willen nicht gelingt, mich hier herauszuholen? Dann müßte ich mit diesen alten und kranken Leuten wegfahren – nur so im Nachthemd mit einer Decke! Wohin? Mich überfiel Angst.

Die Zeiger der Wanduhr standen auf zwei. Da betrat Pavel den Raum. Ich strahlte, denn ich sah einen rettenden Engel. Aber gerade das war er nicht.

»Zdenka«, sagte er verdrießlich und enttäuscht, »die Situation ist verfahren. Ich sehe keine Möglichkeit, dich aus dem Transport auszugliedern. Aber trotzdem ist noch nicht alles verloren. Gleich kommt Dr. Pepa Skalský, vielleicht hat er eine Idee. Melde dich nicht, wenn sie deinen Namen aufrufen.«

Mir begann zu dämmern, daß ich mich am Abgrund befand.

Dr. Pepa Skalský war ein blonder Junge aus unserer Gegend.

Er war ein guter Freund meines Bruders. Ungeduldig erwartete ich ihn. Der Raum wurde sichtlich leerer.

Fantlová Zdenka – hörte ich in immer kürzeren Intervallen. Solange ich mich nicht melde, habe ich Hoffnung. Niemand weiß, wer ich bin – und wenn ich schon weg muß, werde ich mich als letzte hinaustragen lassen.

Da erschien Dr. Skalský. Ich gab ihm ein Zeichen. Er kniete sich neben mich und sagte ernst: »Die einzige Möglichkeit ist eine Milchinjektion, nach der du heftiges Fieber bekommst. Mit Fieber wird niemand in den Transport gesteckt. Ich komme in einer halben Stunde wieder, bis dahin melde dich nicht.« Und er verschwand. Aber genau eine halbe Stunde später war er wieder da. Als Arzt hatte er überall freien Zutritt. Unsere einzige Sicherheit war, daß wir uns auf gegenseitige Hilfe verlassen konnten, wo immer es nur möglich war. Jeder tat, was in seinen Kräften lag. Auch mitten in der Nacht.

Pepa nahm aus seinem kleinen Koffer, den er jetzt bei sich hatte, die Injektion, die er mir zugedacht hatte. Plötzlich jedoch entschied ich mich anders und sagte unerwartet ruhig: »Du bist sehr lieb, aber ich sehe rings um mich, daß man jeden, auch Leute mit Fieber, in den Transport steckt. Wenn es mein Schicksal sein soll, daß ich mit diesem Transport ins Ungewisse fahre, möchte ich doch lieber gesund abfahren. Das gibt mir dann größere Chancen. Ich danke dir für alles, du hast getan, was du konntest.«

Pepa war keiner Antwort fähig. Teilweise aus Verzweiflung über meinen plötzlichen Sinneswandel und teilweise aus Verständnis für meinen Standpunkt, der einiges für sich hatte. Jedenfalls blieb er noch eine Weile stumm, und erst dann sagte er: »Wie du meinst, zwingen will ich dich nicht. Jeder weiß im entscheidenen Augenblick, wo seine Stärke liegt.«

Fantlová Zdenka – schon wieder. Beide hörten wir den Aufruf. In meinem Gehirn gerieten die Gedanken völlig durcheinander. Doch der Selbsterhaltungstrieb im letzten Augenblick setzte ein – die unbekannte Kraft!

»Ein Einfall! Marta! Sie allein kann noch helfen. Geh schnell zu ihr in die Dresdner Kaserne. Sie ist zu Hause. Ich weiß, daß sie keinen Nachtdienst hat. Sie soll um Gottes willen sofort zu mir kommen und eingepackt eine ihrer Schwesternuniformen mitbringen. Lauf, so schnell du kannst, viel Zeit haben wir nicht mehr.« Pepa war einverstanden und verschwand.

Inzwischen war es 3:45 Uhr geworden. Komme ich an die Reihe komme ich nicht an die Reihe? Bringt man mich weg, bringt man mich nicht weg? Gedanken tickten im Rhythmus des Sekundenzeigers der Uhr.

Der Saal war schon halbleer. Und wieder: Fantlová, Zdenka. Jetzt geht's ums nackte Leben. Mein Herz schlug so sehr, daß ich fürchtete, man könnte es hören. Wenn Marta nicht kommt, ist mein Schicksal besiegelt.

Wie ein Deus ex machina erschien Marta in der Tür. In ihrer Schwesternuniform. Sie fand mich blitzschnell. Ganz leise bat ich: »Bringe mich auf die Toilette am Ende des Flurs!«

Marta stützte mich wie eine Schwerkranke und führte mich langsam weg. In einer der Kabinen zog ich mir ihre mitgebrachte Schwesternuniform an und stopfte mein Nachthemd in Martas Beutel. Die kleine Haube auf den Kopf, die Schwestern trugen, durften wir nicht vergessen entsprechend zu befestigen. Dann entschlossen wir uns, gemeinsam die Kaserne zu verlassen. Der Mutige hat Glück.

Wir liefen die Stiege hinunter, eingehängt, redeten miteinander und lachten sogar, damit es so normal wie möglich aussah, als hätten wir soeben unseren Nachtdienst beendet und gingen nach Hause. Trotzdem hatte ich Angst, denn am Tor standen einige SS-Männer. Die nahmen jedoch keinerlei Notiz von uns, und schon waren wir auf der Straße. Es war gelungen. Ein Wunder. Ich bin wieder frei, zumindest vorläufig und relativ. Nach der nächsten Ecke mußten wir stehenbleiben, um uns zu beruhigen.

Noch war nicht alles ausgestanden. Man kontrollierte natürlich die Transportlisten, kontrollierte Namen und Nummern, alles mußte genau stimmen. Wenn jemand versuchte, sich dem Transport zu entziehen oder gar zu fliehen, mußte er mit der Todesstrafe rechnen. Noch war mein Name nicht gestrichen. Marta entschied sich, einen der diensthabenden Ärzte aufzusuchen, der mit ihrem Mann befreundet war. »Warte hier auf mich, ich gehe in die Kaserne zurück und werde ihn um Hilfe bitten.«

Als Krankenschwester hatte sie überall freien Zutritt, und an ihrem Gehaben, gar einem Gespräch mit einem Arzt, war auch nachts nichts Auffälliges. Sie konnte also unbemerkt sagen, worum es ging. Der Arzt versprach, alles Mögliche zu tun, und tatsächlich gelang es ihm, meinen Namen auf den Transportlisten zu streichen.

So verschwand ich von der Liste und aus dem Transport. Um fünf Uhr früh setzte sich der Zug in Bewegung.

Erst nach dem Krieg erfuhren wir, daß dieser Transport nach Auschwitz ging und daß alle Insassen ohne Ausnahme in der Gaskammer den Tod fanden.

Burg Křivoklát

Weihnachten und Silvester gingen vorbei. Wir lebten schon ein Jahr in Terezín. Noch sind wir alle beisammen, so wie wir hierhergekommen waren. Von Vater wußten wir weiterhin nichts. Wir lebten anders als früher, das war klar. Mit so vielen Menschen Raum und Zeit zu teilen – das ist eine Umstellung. Alle bemühten sich um normales Benehmen unter abnormalen Bedingungen.

Man strengte sich wirklich an, anderen zu helfen. Was bei den ständig neuen Anordnungen, die meist nichts Gutes brachten, absolut notwendig war.

Alle Regeln haben ihre Ausnahmen. Eines Tages hörte man überall eine Nachricht, die etwas Licht und Hoffnung in das Dunkel unseres Daseins brachte. Die Nachricht besagte, daß sich morgen tausend junge Frauen – freiwillig – zum Pflanzen junger Bäume in den Wäldern rund um Burg Křivoklát melden sollten. Für die Dauer eines Monats. Abreise in zwei Tagen. Vor Freude machte ich einen Luftsprung.

Sofort gehe ich zur Meldestelle. Ein Ausflug aus Terezín in die böhmischen Wälder – das klang ganz nach Urlaub. Mutter war mit meiner Begeisterung und meinem Plan ganz und gar nicht einverstanden. Sie war sogar einer Ohnmacht nahe. »Du bist verrückt. In diesen Zeiten meldet man sich doch nicht freiwillig irgendwohin. Weißt du, wohin sie euch bringen werden? Versprechen kann man alles, aber den Deutschen kann man nicht glauben. Du fährst nicht. Ich verbiete es dir.«

Die Zeit hatte jedoch in unserem Verhältnis manches geändert. Mutter hatte hier ihre einstige Autorität eingebüßt, und über mein Leben wollte ich selbst entscheiden. Ich versicherte: »Fürchte dich nicht, die brauchen uns jetzt. Alles wird in Ordnung gehen, und in einem Monat bin ich wieder da.«

Ich konnte es gar nicht erwarten, nach so langer Zeit wieder grüne Wälder zu sehen und ihren Duft einzuatmen. Also meldete ich mich, und schon zwei Tage später fuhr ich mit der Gruppe im Zug nach Křivoklát – wie vorgesehen.

Wir wurden in Arbeitseinheiten zu je fünfzig Frauen eingeteilt. Meine Gruppe wohnte in einem großen Blockhaus mitten im Wald. Davor stand eine hölzerne Wachstube mit zwei Gendarmen. Sie waren schon älter und benahmen sich freundlich. Manchmal lachten sie uns sogar zu, und weil wir alle Tschechisch sprachen, kamen wir uns ganz wie zu Hause vor. Wie auf einem Schulausflug.

Uns zugeteilt war ein erfahrener Förster, der uns erklärte:»Wir haben gemeinsam die Aufgabe, große Flächen des abgeholzten Waldes aufzuforsten. Jeden Tag werdet ihr frische Setzlinge bekommen. Um sieben Uhr komme ich euch abholen und bringe euch zur Arbeit. Dort werde ich euch zeigen, wie man mit jungen Nadelbäumen umgeht. Hoffentlich wird es euch bei uns gefallen. Auf Wiedersehen bis morgen früh.«

Zur angeordneten Zeit waren wir marschbereit und alsbald am vorgesehenen Platz im Wald. Unglaublich. Theresienstadt war verschwunden mit seinen Mauern und Wachen. Gab es denn keinen Krieg mehr, der in Europa wütete? Hier jedenfalls standen in Ruhe und Frieden hohe, schöne grüne Bäume, die mit dem Weltgeschehen nichts zu tun hatten. Der Duft von Harz, von Tannennadeln und Moos betäubte mich.

Wir arbeiteten den ganzen Tag über und schliefen abends schnell ein. Wir fühlten uns wohl. Wie schade, daß wir hier nicht das Ende des Kriegs abwarten konnten.

Als wir einmal von der Arbeit zurückkehrten, trat ein Gendarm in unsere Behausung, was er sonst nie tat, und fragte mit strenger, amtlicher Stimme: »Ist hier eine Zdenka Fantlová?«

Ich fuhr zusammen. Was will hier jemand von mir? Warum fragt man nach mir? Kann das damit zusammenhängen, daß ich nicht mit jenem Transport weggefahren bin? Ich begann mich zu fürchten. Die Situation versprach nichts Gutes. Ich zögerte. Aber meine Nachbarin wußte doch, wie ich hieß, und sah mich an. Ich begriff, daß es hier kein Entrinnen gab.

Der Gendarm sah von einer zur anderen – und wartete, ob sich jemand melden würde. »Also, ist die Betreffende hier oder nicht?«

»Das bin ich«, flüsterte ich und hob ein wenig die Hand.

»Also kommen Sie mit«, befahl der Gendarm.

Unsicher setzte ich mich in Bewegung – Richtung Wachhaus. Ich durfte eintreten, und er schloß hinter mir die Tür. »Heute mittag kam ein Mann mittleren Alters, ein Zivilist, und sagte, er hätte gehört, daß hier irgendwo Mädchen aus Terezín arbeiten. Er wollte wissen, ob eine gewisse Zdenka Fantlová darunter sei –, er meinte also Sie, wie wir jetzt wissen – und würde mit unserer Erlaubnis etwas für sie hinterlassen. Seinen Namen wollte er nicht sagen, daran läge nichts. Hier sind die Sachen, und nehmen Sie sie mit nach Terezín, denn schon in zwei Tagen ist die Arbeit hier zu Ende.« Dann holte er aus einer Ecke einen schweren Koffer. »Wir haben nichts dagegen.«

Das hatte ich natürlich nicht erwartet. Die Angst verschwand, ich war zutiefst gerührt von so viel menschlicher Güte und Opferbereitschaft. Ich konnte deshalb nichts sagen.

Das konnte kein anderer sein als Matýsek, der viele Jahre im Geschäft meines Vaters gearbeitet hatte. Er hatte uns recht gern und wir ihn auch. Oft brachte er mich zur Schule und nannte mich Schumbalka. Wie wohltuend, zu wissen, daß es auch in bösen Zeiten gute Menschen auf der Welt gibt.

In unserem Quartier öffnete ich den Koffer. Richtige Schätze enthielt er – Kleider, Wäsche, Socken und Strümpfe, Seife, Brot, zwei Konserven mit Schmalz, Kekse, Würfelzucker – er hatte sich sichtlich Mühe gemacht. In Křivoklát hungerten wir nicht, aber ich gab allen wenigstens etwas zum Naschen.

Als wir abfuhren, verabschiedeten sich der Förster und beide Gendarmen von uns. Sie wünschten uns eine glückliche Reise. Es war komisch, mit einem Koffer nach Terezín zurückzukommen. Aber niemand wollte wissen, warum und wieso.

Meine Familie freute sich zunächst, daß ich wohlbehalten zurückgekommen war, aber auch über den Koffer und dessen Inhalt. An Matýsek gingen im Geist viele tausend Danksagungen.

»Fräulein, können Sie weinen?«

Nach meiner Rückkehr ins Lager war ich wieder in der Küche tätig und gewöhnte mich schnell an den bekannten Arbeitsablauf und die dort herrschende Disziplin. Einige Mitarbeiterinnen waren inzwischen mit Transporten weggeschickt worden. Es gab neue an ihrer Stelle, auch im Menagedienst.

Einer der jungen Männer, die die Suppenkarten entwerteten, war auffallend blaß. Er trug einen Regenmantel und ein Barett. Er hatte große traurige Augen und erinnerte an einen Pierrot. Ich wußte nichts über ihn. Eines Tages stand ich mit meinem Schöpflöffel bereit, auf den Wink unseres Gruppenleiters mit der Essensausgabe zu beginnen. Auch jener junge Mann hatte gerade Dienst, und noch ehe unsere Arbeit begann, fragte er mich leise: »Fräulein, können Sie weinen?«

Ich wußte nicht recht, warum er mir so eine ungewöhnliche Frage stellte, antwortete aber ohne Umschweife: »Hmmm. Das kann ich.«

»Also, dann kommen Sie heute abend zu unserer Theaterprobe auf dem Dachboden der Magdeburger Kaserne. Wir bereiten ein neues Stück vor – eigentlich ist es ein Kabarett mit dem Titel *Prinz Bettliegend*. Ich habe es zusammen mit meinem Freund verfaßt. Mein Name ist Josef Lustig.«

Bald fand ich heraus, daß Josef Lustig Dramatiker und Schauspieler war. Er schrieb zumeist unterhaltende, auch satirische Texte in Kabarettform – auch wenn er ganz und gar nicht danach aussah.

Nach diesem ungewöhnlichen Entree begann meine noch ungewöhnlichere Theaterlaufbahn in Terezín.

Tanz unter dem Galgen

Das Theaterleben begann in Terezín bescheiden, zaghaft und schlich sich sozusagen durch die Hintertür ins Leben der Insassen ein. Im Lager waren viele bekannte Schauspieler, Regisseure, Bühnenbildner, natürlich auch Schriftsteller, Maler und Berufsmusiker aller Genres, einschließlich Dirigenten und Komponisten. An Talenten fehlte es keineswegs.

Die Menschen hatten ein brennendes Bedürfnis, sich künstlerisch zu betätigen. Viele sahen darin einen Ersatz für die verlorene Freiheit. Jede kulturelle Aktion – aktiv ausgeführt oder bloß passiv aufgenommen – bestärkte Hoffnungen und vermehrte psychische Kräfte. Der Glaube wurde gestärkt und mit ihm die Überzeugung von der Unzerstörbarkeit höherer menschlicher Werte. Nach Terezín kam die Kultur aus dem reichen geistigen Umfeld der Vorkriegszeit, aber hier nahm sie schnell einen viel höheren Stellenwert und tiefere Bedeutung an.

Alles begann mit einfachen Rezitationsstunden auf den Dachböden der Kasernen. Gedichte wurden vorgetragen, aber auch Prosa (oft Bruchstücke umfangreicherer Werke). Die vorhandenen Quellen flossen spärlich, zur Verfügung standen ja nur Texte, die jemand in seinem kargen Gepäck mitgebracht hatte. Erst allmählich ging man zur Darstellung von Szenen über.

Dieser Beginn war durch ein besonderes Maß an Vorsicht gekennzeichnet. Man mußte Schritt für Schritt die Tragfähigkeit des Eises prüfen, um nicht einzubrechen. Denn niemand wußte oder konnte sich auch nur vorstellen, was die Deutschen zu diesen Aktivitäten sagen würden.

Merkwürdigerweise hatten sie gegen die zarten Anfänge keinerlei Einwände, ganz im Gegenteil. Kameradschaftsabende wurden durch eine amtliche Verfügung offiziell erlaubt. Worauf man das gesamte breite Feld kultureller Betätigungen fast unbegrenzt ausdehnen konnte. Überall enstanden kleine Spielflächen und Bühnen mit Vorhängen und gemalten Kulissen. Ein paar hölzerne Bänke dazu, und ein Theater konnte in Betrieb genommen werden.

Gespielt wurden sowohl fertige Stücke als auch solche, die erst hier geschrieben worden waren. Ensembles wurden nach Bedarf bzw. nach den Vorstellungen der Regisseure zusammengestellt. Sogar Kostüme gab es von Fall zu Fall, je nachdem, was für Stoffe man auftrieb oder welche Reste und Kleidungsstücke anderer Bestimmung zueinander paßten. Auch Säcke oder Papier wurden nicht verschmäht.

Musiker brachten ihre Instrumente, Noten, Klavierauszüge, die sie bei sich hatten. Manches konnte auch – ohne oder sogar mit Bewilligung – von draußen beschafft oder ergänzt werden. Gute Einfälle oder die Musikern eigene Fähigkeit zur Improvisation halfen, manche Schwierigkeiten zu überwinden. Aus den anwesenden Musikern ließen sich verhältnismäßig leicht Jazzbands, Streichquartette, Kammerorchester und größere Chöre zusammenstellen.

Ihren freiwillig und mit großem Enthusiasmus übernommenen Aufgaben widmeten sich alle mit höchstem Einsatz ihrer Kräfte ohne jegliche Aussicht auf finanzielle Entlohnung.

Hier galt's der Kunst. Keine Reklame, kein Ruhm und kein Geld. Nur die Genugtuung, ein gutes Werk vollbracht zu haben, und der Beifall eines dankbaren Publikums waren der Lohn für alle Mühen und Anstrengungen.

Profis und Amateure arbeiteten gleichberechtigt mit- und nebeneinander. Jeder gab sein Bestes, ohne Neid und Wichtigtun.

Prinz Bettliegend

Zur verabredeten Zeit war ich auf dem Magdeburger Dachboden. Ganz wichtig kam ich mir vor, als privilegierte Person, die sich jetzt mit Künstlern treffen sollte.

Josef Lustig und sein Freund und Mitarbeiter Jiří Spitz standen auf einer Art Bühne und diskutierten. Anwesend war auch Karel Kowanitz, der die Texte zu den Liedern des Stücks geschrieben hatte. Das vorbereitete Kabarett wollte formal den Spuren des einst renommierten und jetzt verbotenen »Befreiten

Theaters« von Voskovec und Werich folgen. Das Sujet war eine Allegorie; die beiden Protagonisten wollten ganz wie ihre Vorbilder – jeder als Clown geschminkt – von der Vorbühne aus zwischen den Szenen der Handlung das aktuelle Geschehen rund um uns (soweit eben möglich) kommentieren und die Texte von Kowanitz mit von Jaroslav Ježek entlehnter populärer Musik singen. Das Stück spielte im Reich des Königs Furunkel XII., wo auch sein Sohn, der Titelheld Prinz Bettliegend, und seine Tochter, Prinzessin Dienstfrei, lebten. In den Szenen dieser drei Personen agierten Marionetten, was unsere Abhängigkeit von der Lagerleitung symbolisieren sollte. Den Text sprach man in unnatürlich hoher Tonlage. Das Publikum beklatschte jeden aktuellen Bezug und jede Anspielung stürmisch.

Prinz Bettliegend war erkrankt, und der Arzt bescheinigte seine Arbeits- und somit auch Transportunfähigkeit. Er mußte im Bett liegen (daher der Titel des Stücks), aber ein böser Zauberer trieb ihn aus dem Bett und in einen der Transporte. In diesem Augenblick beginnt – laut Buch – ein junges Mädchen unter den Zuschauern zu weinen und den Prinzen zu bedauern. Die beiden Clowns rufen sie auf die Bühne und versichern ihr, daß der Prinz »bettliegend« bleibt und alles gut ausgeht.

Das weinende Mädchen sollte ich sein. Ich versprach, mich zu bemühen. Ich sollte nach dem entsprechenden Stichwort zuerst leise weinen und dann laut schluchzen.

Ich wurde in die dritte Reihe gesetzt, und niemand nahm von mir Notiz, ehe das Stück auf dem vollbesetzten Dachboden begann.

Dann fiel jedoch alles anders als erwartet aus. Zur rechten Zeit begann ich zu weinen und allmählich lauter zu werden. Die Leute um mich herum reagierten heftig:

»Ruhe! Pssssst!«

»Hören Sie doch auf!«

»Stören Sie doch nicht!«

»Herrgott, seien Sie doch still!«

Wie es nun meine Aufgabe war, hörte ich nicht auf, überzeugend zu weinen, und ungeduldig wartete ich darauf, bis mich die beiden von der Bühne – wie geprobt – mit dem entsprechenden Text aus meiner prekären Lage befreien würden. Nichts dergleichen geschah jedoch, die Spannung wuchs, bis der diensthabende Feuerwehrmann eingriff und mich aus dem Saal zerren wollte. Ich aber weinte weiter, weil ich das Spiel nicht verderben wollte, und nur zwischen den Zähnen flüsterte ich ihm zu: »Das gehört doch zum Stück.«

Auf ihn machte das nicht den geringsten Eindruck. »Ja, ja, komm nur schön mit« – und schon war ich weg aus dem Saal. Da hörte ich endlich von der Bühne: »Augenblick! Warum weint denn das Mädchen eigentlich? Bringen Sie sie doch her!«

Aber der Mann dachte nicht im mindesten daran. Er war da, um die Ordnung aufrechtzuerhalten. Mehr und mehr entfernte ich mich vom Schauplatz des Geschehens. Die Zuschauer wurden immer unruhiger, weil sie nicht genau wußten, worum es ging. Endlich sprang einer der Clowns von der Bühne und holte mich zurück. Alle atmeten auf. Ich am meisten.

Es war also keine leichte Rolle, die ich zu spielen hatte. Und bei jeder Wiederholung entwickelte sich die Situation anders. So zum Beispiel sprang an der entsprechenden Stelle einmal ein zufällig anwesender Arzt auf, öffnete blitzschnell seinen Koffer und schickte sich an, mir eine beruhigende Spritze zu verabreichen. Zum Glück bemerkten die beiden Schauspieler rechtzeitig sein Tun und befreiten mich. Und so ging es weiter.

Die Geschichte sprach sich schnell herum, und bald wußte ganz Theresienstadt über das weinende Mädchen Bescheid. Und es kam sogar dazu, daß Besucher sich kurz vor meinem »Auftritt« umdrehten und entsprechende spöttische Bemerkungen machten. Für Gelächter an dieser »tragischen« Wendung des Stücks war mehr als einmal gesorgt.

Wenn die Transporte mit unbekanntem Ziel nicht gewesen wären, hätte man unser Leben fast als normal bezeichnen können. So aber hing das Damoklesschwert ständig an einem seidenen Faden über unseren Häuptern, und wir wurden unsere Angst nicht los.

Die Deutschen begannen unsere kulturellen Aktivitäten zu unterstützen, gleichzeitig aber auch für ihre Propaganda auszuschlachten: »Der Führer schenkt den Juden eine Stadt« war ihr Motto.

Wir hatten nun innerhalb der Festungsmauern von Theresienstadt größere Bewegungsfreiheit als unter den Nazis in unseren Wohnorten, aber auch das war nur eine Illusion.

Die Deutschen wußten genau, worauf sie hinauswollten, und hatten feste Pläne, deren Inhalt nur sie selber kannten. Wir waren zum Tod verurteilt – und bis zur Vollstreckung des Urteils ließ man uns spielen und singen. Warum denn nicht – dachten sie –, das Lachen wird ihnen ohnehin bald vergehen.

Und wir alle tanzten unter dem Galgen.

Im überfüllten Terezín, wo Hunger, Not und Angst herrschten und der Tod immer stärker wütete, wo es aber auch nicht an Hoffnung und der Entschlossenheit mangelte, den Qualen nicht zu unterliegen – auf diesem merkwürdigen, aber sehr effektiven Nährboden entwickelte sich eine Kultur hohen Niveaus, die auf dem Gebiet des Theaters und der Musik in der Geschichte kein vergleichbares Pendant findet. Das tschechische Theater war hier keine nichtige Unterhaltung oder gar gesellschaftliche Angelegenheit, sondern eine hell leuchtende Fackel, wegweisend, hoffnungbringend und psychisch bestärkend. Für viele war das kulturelle Erlebnis wichtiger als die Brotration.

In Gesellschaft der Schauspieler fühlte ich mich wohl. Mir schien mit der Zeit, daß ich irgendwie dazugehörte. Erst nach unserem normalen Arbeitspensum konnten wir abends probieren und spielen. Unter denen, die sich um die Kultur in Terezín besonders verdient gemacht haben, waren Künstler, deren Werke heute Weltruf genießen – so die Komponisten Hans Krása, Viktor Ullmann, Pavel Haas und Gideon Klein oder der Dirigent Karel Ančerl. Sie und viele andere hatten das Verdienst, daß alle Darbietungen – welchen Genres auch immer – ein ansehnliches bis sehr hohes Niveau hatten.

Auch Karel Švenk gehörte zu ihnen. Er hatte viele Begabungen – als Schriftsteller, Komponist, Choreograph, Schauspieler,

Clown. Er war erst 25 Jahre alt und erinnerte an Charlie Chaplin, wenn er auf der Bühne seine Sketchs probte oder vor Publikum aufführte. Er quoll über von Energie und hatte immer lustige schwarze Augen.

Švenk hatte sozusagen sein eigenes Kabarett. Zum Unterschied von Lustig und Spitz mit ihren »gemütlicheren« Nummern hatten die Satiren von Švenk immer eine starke politische Färbung.

In seiner ersten Revue *Es lebe das Leben!* spielte Švenk, der als Tänzer und Pantomime agierte, in einer der Rollen einen verfolgten Clown. Dieses Stück wurde über Nacht populär durch sein Schlußlied im Rhythmus eines lustigen Marsches, in dem Švenk den unterdrückten Sehnsüchten aller Häftlinge Ausdruck gab. Wir nahmen von dem Lied unverzüglich Besitz und betrachteten es als unsere Hymne:

> Alles geht, wenn man nur will.
> Vereint trotzen wir den schlimmen Zeiten,
> haben auch noch unseren Humor bewahrt.
> Wohin wir gehen, weiß niemand
> in dieser ständigen Wandlung.
> Nur dreißig Worte dürfen wir schreiben.
> Aber – holla! – das Leben beginnt doch erst morgen,
> und es naht die Zeit,
> da wir unsere Sachen packen
> und wieder nach Hause gehen.
> Alles geht, wenn man nur will.
> Vereint werden wir auf den Trümmern des Ghettos lachen.

Alle waren von der Realität dieser Vision überzeugt. Das zweite Stück *Der letzte Radfahrer* hatte eine konsistentere Handlung und war ausgesprochen provokant gegen die Nazis.

In einem nicht näher genannten Land kommt es zu einem Aufstand von Irren und Neurotikern, die aus einer Heilanstalt entflohen sind. Sie bemächtigen sich der Regierung. Als Führerin wählen sie eine Frau und machen für alle Mängel im Lande die Radfahrer verantwortlich.

Die Radfahrer werden zu gefährlichen Elementen deklassiert, ihre internationale Organisation angegriffen. Das Land muß sie loswerden. Ihre Registrierung beginnt unverzüglich, ausgenommen bleibt, wer nachweisen kann, daß seine Vorfahren Fußgänger waren. Die verurteilten Radfahrer werden auf ein Schiff gebracht und nach der Insel Graus gebracht. Unter den Ausgesiedelten ist auch der Radfahrer Bořivoj Abeles. Als er sich an die Reling lehnt, bekommt er das Übergewicht und fällt ins Wasser. Es gelingt ihm, ans Ufer zu schwimmen, und schon glaubt er, sich gerettet zu haben. Aber die Irren greifen ihn auf und stecken ihn in einen Käfig des Zoologischen Gartens, wo er als »Letzter Radfahrer« zum Schauobjekt werden soll. Aber die Führerin will in ihrem Land auch nicht einen Radfahrer dulden und ordnet an, ihn in einer Rakete in die Stratosphäre zu schießen. Alles ist zum Start vorbereitet.

Die Führerin gestattet Abeles einen letzten Wunsch. Er bittet, eine letzte Zigarette rauchen zu dürfen.

Mit der Flamme des Streichholzes zündet er jedoch irrtümlich die Lunte der Rakete an, in der sich in diesem Augenblick zwecks Inspektion die Führerin befindet. Abeles kann nurmehr zusehen, wie sie im Weltall verschwindet.

Das Stück vom letzten Radfahrer entging irgendwie der deutschen Zensur. Das Publikum aber nahm davon sehr wohl Kenntnis und bereitete Švenk und allen Mitwirkenden Ovationen. Lange hielt es sich nicht. Denn als die Herren vom Ältestenrat eine Vorstellung besuchten, erkannten sie selbstverständlich deren Brisanz und sprachen im Rahmen ihrer Kompetenzen das Aufführungsverbot aus.

Noch längst hatten nicht alle Interessierten die Inszenierung gesehen, so wurde wenigstens von Mund zu Mund noch nachträglich ihr Inhalt weitergegeben, und aus dem mutigen Karel Švenk wurde ein Held.

Ben Akiba hat nicht gelogen – oder doch?

Im Jahr 1943 hatte sich die Zahl der abgefertigten Transporte merklich verringert. Was damit zusammenzuhängen schien, daß die deutsche Regierung einen Teil der immer wichtigeren Kriegsindustrie auch nach Theresienstadt verlegte. Man brauchte jetzt jede Arbeitskraft. Hier widmete man sich vor allem der Aufbereitung von Schiefer, der dann anderswo in handlicheren Maßen weiterverarbeitet werden konnte. Schnell wurden einige Holzbaracken aufgestellt, in denen vorwiegend Frauen arbeiteten.

Die bisher vorherrschende Hochspannung hatte sich also etwas gelöst, und wir lebten in einem Zwischenstadium scheinbarer Ruhe. Es mehrten sich auch die Nachrichten von Rückzügen der deutschen Armeen an verschiedenen Frontabschnitten, und das Kriegsende schien in greifbare Nähe gerückt. Nur zu gern glaubte man daran. Doch die Hoffnungen mußten von Monat zu Monat verschoben werden, und die Zeit verrann ohne greifbare Veränderungen.

Für die Theater im Lager schien es eine günstige Zeit zu sein. Man konnte darangehen, neue Stücke zu schreiben und zu produzieren. Lustig und Spitz stellten eine größere Truppe für ein Kabarett-Programm zusammen, *Ben Akiba hat nicht gelogen oder Alles ist schon dagewesen.*

Stimmte der Titel vielleicht doch nicht? Im Stück streiten die beiden Clowns um die historische Wahrheit des bekannten Ausspruchs von Ben Akiba, der gesagt haben soll: »Alles ist schon dagewesen, nichts Neues unter der Sonne.«

Der erste Clown will Ben Akiba unterstützen und führt den zweiten in eine antike römische Arena, in der soeben Anhänger eines neuen Glaubens den Löwen zum Fraß geopfert werden sollen. Unter den Christen befindet sich auch Mordechai Pinkas, der einem Löwen klarzumachen versucht, daß er weiterhin Jude sei und sich somit hier nur irrtümlich befinde. Der Löwe schnüffelt an ihm herum und stellt keinerlei Unterschied fest. Mensch ist Mensch. Futter ist Futter.

Pinkas, der sein Leben retten will, hört nicht auf, dem Löwen seinen Standpunkt zu erläutern: »Herr Löw..., Herr Löwy..., lassen Sie es sich doch sagen: hier ist nicht mein Platz. Das Ganze ist ein Irrtum. Ich bin doch ein Jude.« Nach einem langen Plädoyer scheint das Tier überzeugt zu sein und stimmt der Befreiung von Herrn Pinkas zu. Er wird aus der Arena weggeführt.

Darauf aber reagiert der zweite Clown: »Das ist es eben, so etwas ist noch niemals passiert, und wir haben den Beweis, daß Ben Akiba gelogen hat.«

Es folgte ein ellenlanges Wortgeplänkel mit beiderseitigen Auslassungen zur tschechischen Geschichte, bei dem man sich vor allem um die heutige Bedeutung vergessener Begriffe stritt. Manche der spitzfindigen Argumente fanden nicht nur spontanen Anklang bei den Zuhörern, sie machten auch die Runde durch die Stadt und erheiterten weitere Menschen. Immer wieder ging es um das Land, »darinnen Milch und Honig fließt«. Das war aktuell, pikant. Zumal der Berg Říp, von dem aus Urvater Čech das neue Land in Augenschein nahm und es wegen seiner erwähnten Eigenschaften zum neuen Sitz seines Volks bestimmte, ganz nahe bei Terezín liegt.

Die zweite Szene spielte am Olymp. Vorgeführt wurde der Rat der Götter, die vollkommen zerstritten waren und sich über nichts einigen konnten. Zeus versuchte vergeblich, einzulenken. Die Anspielung auf Zustände im jüdischen Ältestenrat sowie bei der deutschen Kommandantur waren jedermann klar.

Mir wurde die Rolle der Göttin Aphrodite zuteil. Anstatt nur schön zu sein und die Götter zu verführen, redete sie in alles drein und brachte die Dinge durcheinander. Also wieder ein Beweis, daß es so was noch nie gegeben hatte.

Die dritte Szene spielte im Himmel.

Auf einer Wolke sitzt Kaiserin Maria Theresia mit Sohn Joseph, und beide beobachten mit einem Fernrohr die Erde. In ihren Blick gerät Theresienstadt, das sie als Festung gegen die Preußen erbauen ließen. Sie schauen und schauen, versuchen einander zu helfen, um zu verstehen, was denn da passiert sei, denn vom ursprünglichen Zustand ist fast nichts mehr zu sehen.

Zufällig erscheinen in diesem Moment im Himmel zwei jüdische Seelen direkt aus Terezín und machen sich erbötig, zu erklären, was da unten vor sich geht. Aber die kaiserlichen Hoheiten lehnen es ab, etwas so »Abstruses« zur Kenntnis zu nehmen. Woraus der eine Clown die Schlußfolgerung zieht, daß das, was sich jetzt in Terezín abspielt, wirklich noch nie dagewesen sei und somit Ben Akiba wieder der Lüge überführt wäre.

Eines der Lieder mit dem Text von František Kowanitz, das zu einer sehr verbreiteten Komposition von Jaroslav Ježek (»Civilizace«) gesungen wurde, hatte etwa folgenden Inhalt (in freier Übersetzung):

Wie man aus der Geschichte feststellen kann,
ist schon mancher Dynastie eingefallen,
aus Angst vor fremden Eroberern,
eine Stadt in Form eines Sterns zu erbauen.
Um jegliche Eroberung zumindest zu erschweren,
wurden viele Wälle ringsum aufgeschüttet,
man baute Gräben und Schützengräben,
zum Überfluß manch einen Zu- und Abfluß.
Viele Soldaten wurden hierher abkommandiert,
und sie bekamen dicke Kanonen.
Man hielt auf Schick und Elite,
nahm sich zum Essen nur das Beste
und verschmähte keine Unterhaltung.
So wollten sie Schrecken verbreiten.
Doch seither ist viel Zeit verflossen,
und die Welt hat sich verändert.
Schrecken gibt es jetzt ganz andere.
So hat man fremde Leute in die Stadt gebracht,
mit gelben Sternen kenntlich gemacht und
hinter die Festungsmauern gesperrt.
Nur Platz war da, und das nicht genug,
ansonsten nichts, denn es war Krieg,
selbst an Kartoffeln fehlte es,
von Alkohol ganz zu schweigen,
selbst nicht für viel Geld.
Doch für Reklame war die Stadt gut,
und sie erschien in Filmen und der Zeitung.
Aktion brauchte Organisation,
auch Ration und Meliorisation.

Neu war das Denken und das Wissen,
neu auch die doppelte Obrigkeit.
Grundlage war die Hundertschaft,
zu kurz kam nicht die Raumwirtschaft,
Verteilungsstellen waren dabei,
Freizeitgestaltung wie einst im Mai.
Und warst du müde, wartete ein Bett,
dort schlief man wohl auf einem Brett.
Für Reinheit sorgte die Entwesung,
die Krankenschwestern für Genesung.
Transporte waren nicht begehrt,
auch wenn die Bahn uns gratis fährt.

Das war eine Fülle von aktuellen Anspielungen, die ein jeder verstand. Für uns war die Freizeitgestaltung die (obwohl jüngste) wichtigste Abteilung der sogenannten Selbstverwaltung. Sie wurde eingerichtet, um die Belange der schnell zunehmenden kulturellen Aktivitäten zu betreuen und die notwendigen Voraussetzungen abzusichern. Dort bekam man die Bewilligung, in einem bestimmten Raum spielen zu dürfen, dort wurden wissenschaftliche und literarische Vorträge geplant, die Probenzeiten an den zwei vorhandenen Klavieren bestimmt, der Verbrauch an technischem Material für Bühnenbilder festgesetzt, Programme aller Art und Eintrittskarten in Druck gegeben. Natürlich war diese Stelle primär für die Auswahl und Dramaturgie der aufgeführten Theaterstücke verantwortlich.

Da Sport nur in der Freizeit getrieben werden konnte, bezog sich die Kompetenz der Behörde auch darauf. Am populärsten war Fußball, denn dafür waren die Höfe der Kasernen ziemlich geeignet, auch wenn sie an sich viel zu klein waren. Daraus ergab sich, daß jede Kaserne ihre eigene Mannschaft aufzustellen versuchte. Die gegenseitige Rivalität war nicht geringer als in internationalen Pokalwettbewerben. Zuschauer gab es immer mehr als genug.

Auf dem Gebiet der kulturellen Betätigung setzte sich in Terezín die Musik bald an die erste Stelle. Das hing vor allem damit zusammen, daß es hier zu einer ungewöhnlich großen Dichte hervorragender Komponisten, Dirigenten, Sänger und Instrumentalisten für solistische Aufgaben und Tätigkeit in Ensembles verschiedenster Zusammensetzung kam.

So konnte der bekannte Prager Dirigent Karel Ančerl, dessen erster Arbeitseinsatz ihn in meine Küche führte, wo er auch einen Kessel zu bedienen hatte, in seiner Freizeit zunächst ein Streichquartett und dann ein Orchester aufbauen.

Der Komponist Hans Krása, schon vor dem Krieg renommiert, fand in Terezín mit seiner noch in Prag geschriebenen einzigartigen Kinderoper *Brundibár* ein riesiges Echo. Immer wieder wurde dieses musikalische Märchen von neuen Kindergruppen einstudiert und in verschiedenen Lokalitäten – bis hin zur Turnhalle – aufgeführt und dankbarst aufgenommen. Nicht zuletzt weil die Handlung eindeutige Bezüge zu Zeit und Ort des Geschehens hatte.

Zwei Kinder, Pepíček und Anička, haben eine kranke Mutter. Sie braucht zu ihrer Genesung Milch, aber dafür ist kein Geld vorhanden. Vielleicht kann man sich ein wenig als kleine Straßensänger verdienen. Die Spenden der Passanten sind ausreichend, aber der böse Drehorgelspieler Brundibár will keine Konkurrenz in seinem Bezirk dulden, und außerdem ist er habgierig, so daß er das gesammelte Geld einfach stiehlt. Da kommen den armen Kindern alle Tiere des Marktplatzes und dessen Umgebung zu Hilfe. Sie verfolgen mit den Kindern den Bösewicht und nehmen ihm die Beute ab. Die Gerechtigkeit hat noch einmal gesiegt – aber nur dank dem Zusammenschluß aller.

Die mitwirkenden Kinder waren begeistert, ebenso das zahlreiche Publikum. Die Sitzgelegenheiten waren immer überfüllt, viele mußten stehen. Auf der Bühne und vor ihr gesunde, begabte Kinder. Aber Kinder im Gefängnis. Und doch leuchteten ihre Augen, weil schließlich alle über den bösen Feind gesiegt haben.

Das war im September 1943.

Bald darauf begannen mit verstärkter Intensiät Transporte nach Osten. Und ohne jede Scham wurden mit ihnen auch Kinder, die eben noch gesungen und gespielt hatten, weggeschickt. Einem grausigen Schicksal in die Arme geworfen. Ende des Märchens.

Auch aus dem Kabarettensemble »Ben Akiba« fuhren einige Mitglieder weg, und wir mußten die Vorstellungen abbrechen. Eine Wiederaufnahme wurde unmöglich, denn Josef Lustig erkrankte an Tuberkulose und mußte auf die Krankenstation, wo ich ihn, so oft ich nur konnte, besuchte. Ich brachte ihm immer etwas zu essen, aber er brauchte Medikamente, die es nicht gab. Er wußte, daß er nicht überleben würde.

»Erinnerst du dich, wie ich dich das erste Mal fragte, ob du weinen kannst? Wenn ich sterbe, weine bitte nicht! Und solltest du überleben, erzähle den Leuten, wie wir im Lager Terezín Theater spielten.«

Zwei Tage später war er tot.

Ich kam gerade zu Besuch, als sie ihn aus dem Zimmer forttrugen.

Kurz darauf wurde Lustigs ständiger Bühnenpartner Jiří Spitz in einen Transport eingereiht. Die ganze Nacht vor seiner Abreise half ich ihm, etwas Ordnung in seine Siebensachen zu bringen, damit er wenigstens das Nötigste einpacken konnte. Wir spekulierten überflüssigerweise über das Ziel des Transports.

Dann sangen wir zum Abschied Švenks Hymne »... alles geht, wenn man nur will. Der Humor ist uns geblieben, und deshalb werden wir noch auf den Trümmern des Ghettos lachen ...«, und weg war er.

Das bedeutete selbstverständlich das Ende unserer Gruppe, und wir mußten unsere Mission beenden, mit scharfer Satire die realen Verhältnisse zu geißeln, aber gleichzeitig den Betroffenen Kraft und Hoffnung zu schenken.

Unser Kabarett erglühte in Terezín wie eine Wunderkerze am Weihnachtsbaum – hell und blendend, aber nur für einen kurzen Augenblick.

Doch jeder, der sie gesehen hat, weiß um ihre Existenz, und vielleicht leuchtet sie auch ihm in der Finsternis.

Das Leben geht weiter

Mein Bruder Jirka arbeitete längere Zeit in der Bäckerei, und wenn er eine Sonderzuteilung erhielt, brachte er davon immer etwas für unsere Mutter. Ich besuchte sie, sooft ich nur konnte. Auch wenn sie ihre zweite Tochter Lydia zur Seite hatte, machte sie sich ständig Sorgen und war mißmutig. Eines Tages bekam auch Großmutter eine Vorladung zum Transport, und es gab kein Entrinnen. Sie fuhr »nach Osten« – allein, alt und krank. Warum konnten die Deutschen solche Leute nicht in Theresienstadt sterben lassen und mußten sie noch zusätzlich durch Umsiedlungen quälen? Unser Abschied war furchtbar, herzzerreißend, unmenschlich.

Kurz darauf mußte auch die Zimmerälteste in Mamas Unterkunft das Feld räumen, und eine neue Wahl stand an. Mutter erhielt die Funktion, was ein Glück war, denn sie hatte jetzt eine Menge Sachen zu erledigen.

Meine Schwester Lydia arbeitete als Aufseherin junger Mädchen, die auf den Schanzen in kleinen Gärten Gemüse für die Deutschen anbauten. Selbst durften sie sich aber nichts nehmen. Die Kontrollen waren streng.

In einer neuen Aktion wurden 1000 männliche Freiwillige zur Arbeit in den Kohlengruben von Kladno gesucht. Mein Bruder meldete sich. Trotz Mamas Protest fuhr er und kam nach der festgesetzten Frist wieder zurück. Wir waren zwar froh, aber er wäre lieber noch länger dort geblieben, was leider nicht ging.

Wir hatten uns allmählich an das Leben in Terezín gewöhnt und wollten gar nicht mehr an unser früheres Heim denken. Wir hatten einfach andere Sorgen: sich am Leben zu erhalten, nicht in einen Transport zu geraten und hier das Ende des Kriegs abwarten zu können.

Das mußte doch einmal kommen.

Oft machte unser Leben den Eindruck, den man beim Blick in ein Kaleidoskop gewinnt. Ankunft von Transporten, ihre Aufteilung in die Kasernen, Zuweisung von Arbeitsplätzen. Häufige Todesfälle. Liebespaare, die irgendeinen Unterschlupf suchten. Abfahrende Transporte. Kinder in ihrem Block praktisch ohne Aufsicht. Nur aushalten, aushalten …

Meine Sehnsucht nach Arno war groß. Er war schon fast zwei Jahre weg. Wo er wohl ist und was er tut? Ist er in einem Lager? Arbeitet er draußen oder in einer Fabrik? Wie geht man mit ihm um? Ist sein Bruder bei ihm oder in seiner Nähe? Ist er gesund, und hofft er noch, zu überleben? Fragen über Fragen. Ohne Antworten. Ich bewahrte mir die feste Hoffnung, daß wir einander gleich nach Kriegsende wiederfinden und ein neues Leben in Liebe und Frieden beginnen würden. Den Krieg vergessen wir.

So einfach schien das zu sein.

In der tristen Wirklichkeit aber hörte man immer öfter die Worte Auschwitz und Birkenau – aber niemand wußte etwas Näheres. Es blieb bei Mutmaßungen.

Es gab auch eine Wahrsagerin, die angeblich ahnte, was mit den Transporten geschehen war. Wenn man persönliche Schicksale erfragen wollte, mußte man ihr irgendeinen Gegenstand übergeben, der dem Betreffenden gehört hatte. Ich ging zu ihr und gab ihr den von Arno gemachten und mir geschenkten Ring. Sie saß ruhig da, drehte den Ring hin und her. Ihre Augen waren geschlossen.

Ich hatte große Angst vor ihrer Antwort. Mein Herz schlug heftig. »Ich kann ihn nirgends finden«, sagte sie ruhig, »nur der Buchstabe T zeigt sich mir. Das ist alles. Mehr nicht.«

Eigentlich war ich zufrieden, nichts Genaueres oder gar etwas Schreckliches gehört zu haben, und blieb bei meinem Glauben, daß Arno immer Kraft zum Überleben finden würde, wo er auch sei.

Ein potemkinsches Dorf

Im Frühjar 1944 wurde das Internationale Rote Kreuz eingeladen, Vertreter nach Theresienstadt zu entsenden, um das dortige »Paradies«, das der Führer den Juden geschenkt hatte, zu besichtigen.

Die Kommandantur ordnete aus diesem Grund verschiedene Aktionen zur Verschönerung des Lagers an.

Alles lief auf Hochtouren. Um die Stadt nicht überfüllt vorzeigen zu müssen, wurden schnell sieben Transporte mit je 1000 Menschen nach Osten abgefertigt.

Die Straßen und Plätze, die zur Inspektion freigegeben worden waren, mußten umgestaltet werden.

So wurde auf den Hauptplatz ein Kaffeehaus gebaut, wo man sich bei Kaffee und Kuchen mit Bekannten treffen und an den Klängen der »Ghetto Swingers« ergötzen konnte. Am Rand des Platzes wurden Grünflächen mit Gartenbänken angelegt. Auch dort sollten Statisten sitzen und sich unterhalten. Für gelegentliche Promenadenkonzerte sollte eine eigens zusammengestellte Kurkapelle sorgen. Für Kinder wurden Spielplätze eingerichtet, auf denen es sogar Schaukeln und ähnliche Attraktionen gab. Die Fassaden der Häuser wurden neu gestrichen und die Fenster mit Vorhängen versehen.

Leute, die in ehemaligen Schaufenstern wohnten, wurden schnell in Transporte gesteckt. Die Auslagen wurden dann mit aus den Koffern gestohlenen Waren dekoriert.

Bei solch einer Tätigkeit traf ich den renommierten Maler und Bühnenbildner František Zelenka.

»Was machst du denn?« fragte ich gleichsam naiv.

Er stand auf, trat ein paar Schritte zurück und nahm das getane Werk kritisch in Augenschein. »Ich mache hier überflüssige Auslagen«, antwortete er in schelmischer Zweideutigkeit und winkte dann ab.

Die Inspekteure sollten auch eine Gruppe ausgesucht hübscher Mädchen in lustigen Sommerkleidern sehen, die sich – mit leichtem Gartengerät auf den Schultern – direkt von der Arbeit ins Vergnügen stürzen. Sie sollten dazu singen.

Der deutsche Lagerkommandant Rahm wollte Kinder aus den Heimen um sich versammeln und beschenken. Den Kindern wurde eingebleut, darauf zu sagen: »Ach, Onkel Rahm, schon wieder Sardinen?«

Am Vortag der Inspektion wurden alle Gehsteige von Frauenkolonnen sorgfältig geschrubbt, bis sie glänzten. Danach durfte sie niemand mehr betreten.

Die Kommission reiste wie geplant an. Die eingeladenen Funktionäre fuhren in offenen Autos am geschmückten Hauptplatz vor. Die Vorstellung klappte vorzüglich. Alles war arrangiert. In der Turnhalle wurde Verdis Requiem unter Leitung von Raphael Schächter aufgeführt, und im Musikpavillon dirigierte Karel Ančerl sein Orchester.

Die Kommission beendete ihre Mission, überzeugt von der realen Existenz eines Paradieses in Theresienstadt. Was folgte, waren weitere Transporte nach Osten, mit denen vor allem die Kinder verschickt wurden, die noch wenige Tage zuvor dem deutschen Kommandanten wie befohlen für die Sardinenbüchsen gedankt hatten.

Wieder tschechisches Theater

Das Theater in Terezín hätte niemals existiert ohne den Elan und das Genie des äußerst talentierten, erfahrenen František Zelenka. Von Beruf war er Architekt, arbeitete als Bühnenbildner und machte sich einen Namen durch Ausstattungen für Inszenierungen des Befreiten Theaters, aber auch des Nationaltheaters in Prag, die immer im avantgardistischen Umfeld angesiedelt waren. Zelenka scheute sich nicht, auch in Terezín auf seinem Gebiet zur Entwicklung der kulturellen Bemühungen beizutragen.

Er richtete sich eine eigene Werkstatt ein, wo Kulissen gebaut und bemalt, Requisiten hergestellt und Kostüme entworfen sowie geschneidert wurden. Zelenka mußte sich mit spärlichsten Materialien behelfen, doch er zauberte damit. Was er in die Hand bekam, nutzte er – ob es Stroh, Papier, leere Blechbüchsen, alte Textilien waren. So entstand die höchst originelle Ausstattung für die Kinderoper *Brundibár* und weitere Stücke.

Er tat sich mit dem erfahrenen Regisseur Gustav Schorsch zusammen, der als Hilfsregisseur am Prager Nationaltheater gearbeitet hatte. Schorsch war ein puristischer Pädagoge, ein philosophierender Anhänger der Schauspielkunst und als solcher äußerst anspruchsvoll. Er konnte sich auf eine Gruppe junger Berufsschauspieler stützen, und mit ihnen und Zelenkas Hilfe brachte er Gogols Komödie *Die Heirat* heraus. Die Vorstellung war einfach perfekt und hätte sich überall in der Welt sehen lassen können.

Gustav Schorsch veranstaltete auch Rezitationsabende mit tschechischer Poesie und leitete ein Seminar für junge Schauspieler.

Nach dem Erfolg von Gogols *Heirat* begann Schorsch die russische Komödie *Verstand schafft Leiden* von Alexander Gribojedow zu inszenieren. Aber die Proben mußten abgebrochen werden. Zu viele Mitwirkende wurden mit den ständig abgehenden Transporten anderer, höchst unsicheren Bestimmungen zugeführt. Ähnlich erging es mit Shakespeares *Was Ihr wollt*. Die Schauspieler verschwanden unfreiwillig einer nach dem anderen.

Aber es ging weiter, man stellte neue Gruppen zusammen und fing von vorne an. Zufällig fand man einen Text der klassischen tschechischen Komödie, *Das dritte Läuten* von V. Štech, und des neueren tschechischen Lustspiels, *Das Kamel geht durch ein Nadelöhr* von František Langer. Beide konnten als Material für die weitere Theaterarbeit genutzt werden, beide wurden vom Publikum im neuen Rahmen dankbar aufgenommen, vermittelten sie doch die Illusion einer anderen Zeit, eines anderen Orts.

Inszenierung Esther

Irgendwann im Jahre 1943 kamen auch der Schriftsteller Norbert Frýd und der Komponist Karel Reiner nach Terezín. Beide waren Mitarbeiter von E. F. Burian in seinem nach ihm benannten Theater gewesen. Frýd hatte in seinen Koffer den Text des biblischen Volksstücks *Esther* gepackt, das ursprünglich zur Produktion auf seiner Bühne vorgesehen gewesen war, aber nicht aufgeführt werden konnte. Als ob das Theater in Terezín nur darauf gewartet hätte.

Beide machten sich an die Arbeit. Was Frýd an Texten fertig hatte, komponierte – soweit notwendig und passend – Reiner sozusagen vom Fleck weg mit Hilfe eines wackligen Pianinos.

František Zelenka war natürlich schnell mit von der Partie. Ein wunderbares Triumvirat. *Esther* unterschied sich von allen vorher hier aufgeführten Stücken. Es war in Versen geschrieben, die sich der alttschechischen Sprachform bedienten. Daher mußte die Inszenierung stilisiert und mit einer reinen Bildersprache gestaltet werden. Allein das Sujet besaß tiefste Bedeutung für alle Insassen des Lagers.

Es ging um den mächtigen persischen König Ahasver, dessen treuer Diener und Türhüter der Jude Mardocheus war. Der erfuhr vom Plan einiger Höflinge, den König zu ermorden. Mardocheus warnte den König unverzüglich. Dieser befahl, die beiden Höflinge zu enthaupten, und versprach seinem Diener reiche Belohnung. Doch Mardocheus lehnte ab und diente ihm treu weiter.

Zu einem Gastmahl lud der König auch seine Gattin Waschti. Sie lehnte jedoch ab, was den König dermaßen verärgerte, daß er sie verstieß, der Krone für verlustig erklärte und aus dem Palast weisen ließ. Als Ersatz ließ er sich die schönsten Jungfrauen seines Reichs vorführen und wählte sich die, welche ihm am besten gefiel: Esther.

Esther aber war die Nichte von Mardocheus und also Jüdin.

Voller Freude, dem geplanten Mordanschlag entgangen zu sein, ernannte der König großzügig seinen Berater Fürst Aman zum Minister mit unbeschränkter Vollzugsgewalt. Amans Frau Zaresch und er selbst sehnten sich nach Geld, Macht und Ruhm. Aman ordnete zunächst an, daß sich alle Höflinge vor ihm verneigen müßten. Doch Mardocheus erkannte das nicht an und tat nichts dergleichen. Nur dem König allein galt seine Ehrerbietung. Das ärgerte Aman sehr und kränkte ihn. Deshalb trachtete er dem Mardocheus nach dem Leben und wollte mit ihm die ganze jüdische Bevölkerung ausrotten und so Persien von ihr befreien.

Auf dem Hof wurde ein Galgen errichtet. Mardocheus erfuhr davon und auch Esther, die sich unverzüglich beim König für ihre Stammesgenossen einsetzte. Der König hörte sie an und regte sich über Amans Großmannssucht, Haß und Ungerechtigkeit dermaßen auf, daß er befahl, an dem Galgen Aman selbst zu hängen.

Ende gut, alles gut. Alle jubelten dem König zu und überhäuften ihn mit besten Wünschen.

Wir probten fleißig, und bald konnten wir auch das Bühnenbild von František Zelenka bewundern. Kein Theater der Welt hätte sich seiner schämen müssen. Den Hintergrund der Szene bildete eine aus Stroh gefertigte halbkreisförmige Muschel. Auf der Bühne standen drei Podeste mit Stoffvorhängen. Dort saßen die Personen der Handlung: in der Mitte der König, rechts die Königin und links Mardocheus. Ein Sprecher führte in die Handlung ein und gab den Beteiligten die Möglichkeit, in das Geschehen einzugreifen, indem er mit einem langen Stock den Vorhang ihrer Spielfläche lüftete und sie zum Reden aufforderte – wenn es der Text vorschrieb.

Zelenka hatte auch wunderschöne Kostüme entworfen. Den König hüllte er einfach in ein weißes Bettlaken, das einen Saum aus leeren kleinen Blechbüchsen erhielt, die bei jeder Bewegung entsprechend rasselten. Auf den Kopf setzte er ihm eine zugeschnittene Papierkrone. Auf Hände und Unterarme, teilweise auch ins Gesicht, wurden rotbraun gefärbte Sägespäne geklebt, in der Hand hielt er einen langen Peitschenstock.

Amans Frau Zaresch bekam wallende seidene Schals in scheinbar beliebiger Anordnung. Sie sollten ihre Raffgier betonen, als ob sie sie wahllos in einem Geschäft zusammengeklaut hätte.

Mir wurde die Rolle der Königin Waschti anvertraut. Zwei Leintücher wurden zusammengenäht – das eine blieb weiß, das andere wurde schwarz eingefärbt. Aus diesem wurden Pfauenaugen ausgeschnitten – mit dem entsprechenden Schwarz-Weiß-Effekt. Dazu meinte Zelenka: »Du sollst aussehen wie ein barocker Grabengel mit wallenden Stoffbahnen.«

Die Proben neigten sich dem Ende zu. Jeder konnte seine Rolle perfekt.

Der Erfolg der Premiere war riesengroß. Und bei jeder Wiederholung klappte alles aufs beste. Doch da hatte ich einen teuflischen Einfall. Mit dem Darsteller des Königs, Karel Kavan, hatte ich vor der Vorstellung einen heftigen Streit, und ich wollte ihn, da er im Unrecht war, bestrafen.

In dem Stück kam der Minister zu mir und sagte:

»Vom König kommen wir,
um Euch zu ihm zu geleiten.«

Das lehnte ich üblicherweise getreu dem Stück mit den Worten
ab:

»Schon einmal habe ich mich geweigert
und auch jetzt bleibe ich dabei.
Noch einmal sage ich euch,
daß ich ihm nicht folgen werde.«

Der Minister geht ab, um dem König Mitteilung zu machen.
Voller Wut ordnet dieser an: Nehmt ihr die Krone jetzt vom Kopf
und bringt sie aus dem Haus. Denn ich verstoße sie im Zorn. Der
Minister tut, wie ihm befohlen. Dabei singt die Königin folgendes
traurige Lied:

»In Not bin ich und voller Pein,
bald bin ich dann ganz allein.
Die Götter haben mich verlassen,
mein Heim find ich jetzt auf den Straßen.
Allzu nichtig ist der Streit,
keine Hilfe weit und breit.
Ohne Krone muß ich irren,
mein Verstand kann sich verwirren.
So such ich auf den stillen Wald,
bei seinen Tieren Unterhalt.
Dort bleib ich bis ans bittre Ende,
es sei, daß sich das Schicksal wende.«

Nach Beendigung ihres Lieds verläßt die Königin den Palast. Der
Vorhang fällt. Schluß des ersten Aktes.

Doch an jenem Abend kam alles ganz anders. Der Minister
kam wie gewöhnlich, überbrachte die Aufforderung des Königs.
Da hatte ich den Einfall, anders zu antworten, und sagte:

»Zu folgen dem Wunsche meines Herrn,
geh ich mit Euch nur allzu gern.«

Damit stand ich auf und ging über die Bühne zum König. Kavan erschrak, als er mich sah. Darauf war er nicht vorbereitet, und da er es nicht besser wußte, fuhr er mit seinem Text fort, sprach von Strafe und Verbannung.

Man nahm mir artig die Krone vom Kopf, ich sang mein trauriges Lied und ging ab. Der Vorhang fiel. Das Publikum applaudierte höflich wie immer. Ob es sich seinen Reim auf die neue Situation hatte machen können?

Plötzlich stand Norbert Frýd mit einem Sprung auf der Bühne und schrie mich an: »Du Kuh, was hast du da angerichtet?«

Er ärgerte sich fürchterlich über mich. Völlig zu Recht. Ich wurde vor eine Kommission der betreffenden Abteilung bestellt, wo ich eine Rüge wegen mangelnder Disziplin erhielt. Ich nahm sie kleinlaut an, entschuldigte mich bei allen, natürlich vor allem bei Karel und Norbert. Die Vorstellungen liefen dann in der gewohnten Ordnung weiter. In Terezín – so groß oder klein es war – hatte man ein weiteres Tagesgespräch.

Auch in unsere so perfekt einstudierte Inszenierung von *Esther* griffen die Transporte ein. Eines Tages mußten wir zur Kenntnis nehmen, daß es keine weiteren Ersatzmänner mehr gab und daher die Vorstellungsserie an ihrem Ende angelangt war. Unsere Figuren und ihre Schicksale verschwanden also vom Dachboden der Magdeburger Kaserne, sicher aber nicht aus dem Gedächtnis derer, die sie gesehen und gehört hatten. Das Spiel *Esther* bedeutete ohne Zweifel viel für das Theater in Terezín und gehört zu den Höhepunkten des tschechischen Beitrags.

George Dandin

Nach *Esther* war Regisseur Otakar Růžička an der Reihe mit einer Inszenierung der Komödie *George Dandin* von Molière. Dazu brauchte er nur wenige Darsteller. Ich wurde als Madame de Sottenville besetzt, eine Dame der feinen Gesellschaft, sehr gemessenen Gehabens, zugeknöpft und immer mit einem Lorgnon in der Hand, falls es etwas zu erspähen geben sollte.

Růžička hatte während der Proben keine glückliche Hand und trat von seiner Aufgabe zurück, die, bereitwillig wie immer, František Zelenka übernahm, der schon als Bühnen- und Kostümbildner dabei war. Die Inszenierung wurde zunächst auf den größeren Dachboden der Dresdner Kaserne verlegt. Trotz dem Wegfall einer gewissen Beschränktheit, die wir vorher überwinden mußten, und trotz den höheren Besucherzahlen war die Inszenierung weniger erfolgreich als andere. Schwer zu sagen, was der Grund war, vielleicht paßte das Stück einfach jetzt nicht zu unserer Situation.

Wir hörten bald damit auf, obwohl kein einziger Mitwirkender eine Transportvorladung bekommen hatte.

Unerwartet hatte ich plötzlich einige freie Abende und konnte Konzerte besuchen. Die Auswahl war immer groß. Ich entschied mich zunächst für den Klavierabend von Alice Herz-Sommer, die sämtliche Etüden von Chopin spielte. Wir wurden gewaltlos aus dem beengten, hungrigen Terezín in eine andere Zeit und Welt entführt. Auf einer Holzbank hörte ich wie in Trance zu. Unvergeßlich für immer!

Nochmals muß erwähnt werden, daß unter den Lagerinsassen viele Berufsmusiker waren. Allmählich konnte man die notwendigen Ensembles zusammenstellen, um auch in äußerster materieller Not anspruchsvollste Werke zur Aufführung zu bringen. Raphael Schächter wagte sich an die *Verkaufte Braut* von Smetana (der weitere Opern folgten) und – wie bereits gesagt – auch an Verdis so schwieriges Requiem, das ebenfalls viele Aufführungen erlebte. Karel Ančerl widmete sich mit großem Eifer der Konzertliteratur. Damals dachte er wohl nicht daran, dereinst an der Spitze der Tschechischen Philharmonie zu stehen. Mit seinen hervorragenden pianistischen Fähigkeiten half überall und allen der junge Gideon Klein, der in Terezín zum erstrangigen Komponisten heranreifte, wovon wir leider nur zu wenige Zeugnisse besitzen. Unbarmherzig war das Schicksal auch zu Viktor Ullmann, der Komponist und Pianist, Dirigent und Musikkritiker gewesen war. Er schrieb in Terezín die heute weltbekannte Oper *Der Kaiser von Atlantis,* deren allegorisch brisantes, immer noch hochaktuelles Libretto Peter Kien verfaßt hatte. Unter den gegebenen Umständen war es eine Provokation und für die deutsche Zensur unannehmbar. Deshalb wurde auch die fertig einstudierte Inszenierung verboten und durfte in Terezín nie gespielt werden. Da sich das Notenmaterial wie durch ein Wunder erhalten hat, konnte *Der Kaiser von Atlantis* sich nach dem Krieg durchsetzen.

In einem allegorischen Land regiert ein grausamer Diktator, der Krieg gegen alle führt. Unbarmherzig und wütend mordet er. Schließlich kann es auch der Tod nicht mehr ertragen und kündigt seine unerläßliche Hilfe auf. Die Leute hören auf zu sterben. Immer mehr kriechen mit letzter Kraft herum. Der Kaiser lädt den Tod vor und bittet um Hilfe. Nach einigem Zögern ist der Tod wieder bereit, seine Aufgabe zu erfüllen – unter der Bedingung, daß der Kaiser sein erstes Opfer sein wird. Schluß der Oper. Auch in der Wirklichkeit sollte es so sein ...

Die Auflösung von Terezín

Es ist Herbst 1944. Der Krieg ist immer noch nicht zu Ende. Hoffnungen und Verzweiflung wechseln einander ab. Immer wieder wird behauptet, daß sich die deutsche Armee auf dem Rückzug befinde und von britischen und amerikanischen Luftangriffen dezimiert würde – wir merkten davon gar nichts. Nichts wendete sich zum Besseren, im Gegenteil! Über Theresienstadt ballten sich dräuende Wolken zusammen. Plötzlich hieß es, daß Terezín liquidiert wird, was die Besiegelung des Schicksals aller Insassen bedeutete. Dann als erster konkreter Befehl: Morgen früh geht ein Transport mit 5000 Männern ab, und übermorgen fahren 3000 weitere. Auf den Straßen, in den Unterkünften herrschte Aufregung, es kam zu panikartigen Szenen. Man steckte die Köpfe zusammen, um mehr über den plötzlichen Umschwung zu erfahren. Aber niemand vermochte auf die Fragen zu antworten: Warum? Wohin?

Die Stadt hatte ihr Gesicht verändert. Chaos herrschte, Aufregung, man bereitete Koffer und Rucksäcke vor, besorgte Lebensmittel (soweit das möglich war), lief noch schnell da- und dorthin, versuchte noch, dies und das zu erledigen – nur schnell, es ist ja nur noch wenig Zeit, denn bald geht der Transport ab. Die Transportabteilung glich einem Ameisenhaufen. Die deutsche Kommandantur ließ verlauten, daß sie nur junge arbeitsfähige Leute zur Einrichtung eines provisorischen Lagers brauche. Ihre Familien blieben in Terezín und hätten nichts zu befürchten. Aber auch das waren nur Gerüchte. Ein Entrinnen gab es nicht.

Mein Bruder kam, um sich zu verabschieden. Wir trafen uns bei unserer Mutter in der Kaserne Hamburg. Mein Bruder war ledig, wenigstens das minderte den Schmerz, ebenso die Tatsache, daß von dem gräßlichen Schicksal so viele Tausende betroffen waren.

»Mama, mach dir keine Sorgen, wir sind noch jung und halten einiges aus und überhaupt – der Krieg ist bald vorbei, lang kann er nicht mehr dauern. Nach Möglichkeit werde ich euch Nachrichten zukommen lassen. Gleich nach dem Krieg kommen wir alle wieder nach Hause.«

Wir gaben ihm unsere Brot- und Margarineration mit auf den Weg und einen Kuß dazu – am nächsten Morgen fuhr er weg in einem Viehwaggon. Der Zug hatte ihrer viele.

Die Bevölkerung in der Stadt konnte die Katastrophe nicht mehr verdrängen. Ein Transport nach dem anderen von je 2500 Männern ging ab, und das in sehr kurzen Abständen. Was prompt zu Schwierigkeiten im ganzen Lager führte, denn plötzlich fehlten an allen Ecken und Enden eingearbeitete Fachleute, selbst in Spitzenpositionen. Woher jemanden nehmen, der die vielen hätte ersetzen können? Das war eine große und schwere Aufgabe. Und die Zurückgebliebenen mußten doch ihr Essen bekommen, die Kranken mußten versorgt, die Toten verbrannt und deren Namen aus den Einwohnerlisten gestrichen werden – Ordnung mußte weiterhin herrschen, auch wenn so mancher für zwei arbeiten mußte.

Wie immer wußte man nicht, wohin die Transporte gingen. Die Legende vom eigentlichen Zweck der Transporte – der Errichtung eines neuen Lagers – kam immer mehr ins Wanken, und allzuoft wurde von einem schon bestehenden Konzentrationslager in Auschwitz (Oświęcim) oder Birkenau gesprochen. Aber nichts Genaueres war in Erfahrung zu bringen. Alle warteten auf irgendeine verläßliche Nachricht – es kam jedoch gar nichts, kein Wort, keine Zeile. Von niemandem. Schreckliche Stille.

In die aufgestaute Erregung platzte die Nachricht, die allerdings eher einer Anordnung glich, daß sich dank der Liebenswürdigkeit und dem Verständnis der deutschen Kommandantur alle Frauen, deren Männer eben verschickt worden waren, freiwillig für Transporte zwecks Familienzusammenführung melden könnten. Aber sofort, noch heute. Niemand zögerte, alle Betroffenen gingen, um sich anzumelden. Vor der Registrierstelle bildete sich eine überlange Schlange von wartenden Frauen und Kindern.

Es fehlte jedoch auch nicht an warnenden Stimmen, die dahinter nur eine böse Falle, ja, einen offenen Betrug sahen, um weitere Häftlinge loszuwerden. Sie warnten ganz offen: »Meldet euch nicht freiwillig und schon gar nicht mit Kindern. Es geht doch nur um eine raffinierte Lüge, und eure Männer werdet ihr nicht einmal zu Gesicht bekommen!«

Doch Leute, die solches vorausschauend sagten, wurden einfach als Pessimisten abgetan, und niemand nahm ihre wohlgemeinten Ratschläge auch nur zur Kenntnis.

Zwei Tage später verließen alle, die sich gemeldet hatten, das Lager Terezín, ohne vom Ziel der Transporte eine Ahnung zu haben. Und nie wieder hat man von ihnen gehört.

Neue Transporte kamen nicht an, und so wurde das Lager immer leerer. Man konnte nicht mehr der Illusion nachhängen, daß wir hier in relativer Sicherheit bis zum Ende ausharren könnten, und jeder wartete schließlich nurmehr darauf, wann er selbst an die Reihe käme.

Und lange mußten wir nicht warten.

Auschwitz-Birkenau

Der 15. Oktober 1944 war ein Sonntag, das Wetter war herbstlich trüb. Normalerweise unterschieden sich die Sonntage im Lager nicht von den anderen Tagen, aber diesmal war es anders. Wir bekamen den Bescheid über die Einberufung zum Transport. Auf einem schmalen Streifen farbigen Papiers waren Name und künftige Transportnummer verzeichnet. Ganz einfach, kurz und bündig. Und doch steckte weit mehr dahinter: Eine unsichtbare Schrift beinhaltete das Urteil über jedes weitere Schicksal, über Leben oder Tod. Ich mußte unwillkürlich an den Papagei auf dem Jahrmarkt vor dem Krieg in meiner kleinen Stadt denken, der mit seinem Schnabel den Interessenten aus einem Kasten willkürlich einen Zettel zog, auf dem die angebliche Zukunft des Empfängers vorausgesagt wurde. Wem die Information nicht behagte, der konnte das Papier wegwerfen und ruhig nach Hause gehen. Auch ich hielt jetzt so eine Botschaft in den Händen, nur war sie wortlos, verhieß nichts, schwieg. Und wegwerfen durfte ich sie nicht, sondern mußte mich mit dem Papier zum Transport melden und dann auf das mir bestimmte Schicksal warten.

Terezín bebte. Alle Schauspieler, Regisseure, Musiker und Dirigenten waren zum Abtransport bestimmt worden. Ich nenne nur Gustav Schorsch, František Zelenka, Hans Krása, Viktor Ullmann, Pavel Haas, Gideon Klein, Raphael Schächter und Karel Ančerl – der Transport war für 1500 Leute bestimmt.

Wir durften nur die allernotwendigsten Dinge mitnehmen. Mit meiner Mutter und Schwester traf ich alle Vorbereitungen.

Die Abfertigung des Transports wurde von den Deutschen geleitet und überwacht. Auf dem Gleis standen die Viehwagen bereit. Wir aber mußten die ganze Nacht im Regen stehen, bevor wir einsteigen durften. Das Zählen nahm kein Ende, immer von neuem die gleiche Prozedur, damit nur ja niemand fehlte.

Am frühen Morgen des 17. Oktober war es dann endlich soweit, und der Zug fuhr ab. Wohin – das wußte niemand. Angst und Unsicherheit vor dem schrecklichen Schritt in die Finsternis und Leere beherrschten uns.

Die schweren Schiebetüren der Waggons waren von außen mit

Plomben verschlossen worden. Fenster gab es nicht. Bald wurde die Luft stickig, und man konnte nur schwer atmen. Die vorhandenen Bänke reichten bei weitem nicht aus, viele von uns mußten sich mit engstem Raum am Boden begnügen. Die Reise war lang und hart. Für menschliche Bedürfnisse gab es in jedem Waggon nur zwei Kübel – an Scham, Benehmen und Rücksichtnahme war nicht zu denken. In diesen Augenblicken kam uns die Verurteilung zu Untermenschen am schmerzlichsten zu Bewußtsein.

Im Waggon befanden sich 130 Personen, natürlich auch kleine Kinder, die vor Hunger und Durst weinten. Von den älteren Menschen suchten manche Trost im Gebet, die meisten hatten alle Hoffnung aufgegeben.

Noch während der Fahrt starben drei Menschen.

Mir gegenüber saß der Dirigent Raphael Schächter, der die Seele allen musikalischen Geschehens in Terezín gewesen war. Er entnahm seinem Rucksack die letzte Brotration, dann eine kleine Dose mit Sardinen (was in Terezín immer ein Luxus und Zahlungsmittel war) und erklärte, jetzt sein letztes Abendmahl einnehmen zu wollen. Er sagte das mit der festen Stimme und Entschlossenheit eines zum Tode Verurteilten, der dem Schafott gegenübersteht. Hatte er böse Vorahnungen?

Er hatte mit sichtlichem Appetit aufgegessen, und es war wohl in der Tat sein letztes Abendmahl, denn nach 29 unendlichen Stunden waren wir am Ziel. Bald merkten wir, daß wir uns in Auschwitz-Birkenau befanden.

Die Viehwaggons wurden geöffnet, und im allgemeinen Lärm und Chaos versuchten sich Aufseher mit Hunden an Ketten und Knüppeln in den Fäusten mit ihren Befehlen durchzusetzen. »Raus, Raus!« hallte es von allen Seiten, und mit Hieben wurde nicht gegeizt.

Nach dem langen Liegen und Sitzen wollten die Füße nicht gehorchen, und man konnte nicht schnell genug aus dem Waggon springen. Manche konnten nur durch einen Sturz dem Befehl gehorchen.

Der Zug war nicht auf einem Bahnhof zum Stillstand gekommen, er befand sich einfach am Ende eines Gleises. War es auch unser aller Ende? Wer wußte das?

»Gepäck in dem Wagen liegenlassen, nichts mitnehmen!«
brüllte ein Aufseher. Ein anderer wiederholte stereotyp: »Raus!
Raus! Schnell! Schnell! Los!« Und gab mit Fußtritten seinen Befehlen Nachdruck. Ich sprang aus dem Waggon, so gut es ging,
und half dann meiner Mutter. Meine Schwester stand schon neben mir. Alle hatten verschreckte Mienen. Meine Mutter begriff,
worum es ging, und sagte leise: »Wir müssen zusammenhalten,
dürfen einander nicht verlieren.« Sie nahm die Hand meiner
Schwester.

Ich versuchte zu atmen, aber die Luft war voll von süßlichem
Rauch. Als ob man irgendwo Fleisch verbrannte. Vielleicht war
ein Schlachthof in der Nähe, dachte ich. Ein anderer Zusammenhang kam mir nicht in den Sinn.

Rundum überall eine Unzahl von Holzbaracken ohne Fenster,
eng und lang, mit viel Stacheldraht umzäunt. Dazwischen die
Türme für die Wachen. Die Erde unter uns war durch Nässe unerträglich aufgeweicht und mit riesigen Pfützen durchsetzt.

Plötzlich sah ich Gestalten in gestreiften Anzügen mit Nummern auf am Rücken befestigten Stoffquadraten. Sie bewegten
sich mit verschrecktem Ausdruck im Laufschritt, auch wenn sie
eine schwere Last zu befördern hatten. Meist jagte sie ein Aufseher über das schlammige Gelände, auf dem sie oft hinfielen. Jenseits der Bahn befand sich – ebenfalls hinter Stacheldraht – ein Lager für Frauen, denn wir sahen ihre Formationen in Fünferreihen.
Sie waren mit Fetzen bekleidet, barfuß oder mit großen Holzschuhen an den Füßen. Keine hatte Haare. Es war ein unmenschlicher Anblick, sie waren wie Geschöpfe aus einer fremden Welt.

»Was sind das für Menschen?« fragte ich unwillkürlich und
konnte meinen Blick nicht abwenden. »Woher sind sie gekommen, aus welchem Land, und was machen sie da?«

Die Frauen standen still. Verzweiflung sprach aus ihrem Blick.
Eine Aufseherin mit einer Peitsche in der Hand lief ständig um sie
herum. Sie war in SS-Uniform. Wo bin ich? Was geht hier vor?
Niemals hatte ich etwas Derartiges gesehen, niemand hatte uns
darauf vorbereitet, daß ein solcher Ort existiert. Alles schien unwahrscheinlich. War ich in einer unbekannten Unterwelt gelan-

det, an einem grausigen Ort, wo teuflische Kräfte regierten, vor denen es sichtlich kein Entrinnen gab?

Plötzlich begann ich zu begreifen, worum es ging. Wie wenn ein Blitz für einen Augenblick die Nacht erhellt. Eine innere Stimme mahnte mich klar und fest: Jetzt geht es ums nackte Leben, hier regiert der Tod, und die Gefahren sind groß. Du bist bedroht ... wenn du Glück hast, werden sie dich nicht töten ... du mußt selbst alle Kräfte mobilisieren, um zu überleben ... leicht wird es nicht sein.«

Das beruhigte mich. Ich konnte erleichtert aufatmen, denn ich hatte das bestimmte Gefühl, daß irgendwo irgendwer oder irgend etwas eine schützende Hand über mich hielt. Meine Angst war verschwunden.

»Nur Ruhe«, hatte mein Vater gesagt, als ihn die Gestapo verhaftete und abführte. »In der Ruhe liegt die Kraft.«

Schneidend erklang mitten in meine Gedanken der Befehl eines Aufsehers. »Vorwärts! Los, marsch!« brüllte er und begann auf die ihm nahe stehenden Menschen einzudreschen.

In der Reihe vor mir stand der Dirigent Karel Ančerl, auf dem Arm ein einjähriges Bübchen, das in Terezín zur Welt gekommen war. Ančerls Frau stand bei ihnen. Ein SS-Mann trat dazwischen, riß ihm das Kind aus den Armen und übergab es der Mutter. Ančerl wurde mit einem Fußtritt zur Seite befördert und stürzte zu Boden.

Das Chaos vergrößerte sich ständig, plötzlich aber kam Bewegung in die Masse, und wir gingen – ohne Gepäck – etwa zwei Kilometer weit. In diesem Menschenstrom war selbst bei dem herrschenden Lärm eine kindliche Stimme nicht zu überhören: »Mutti, wohin gehen wir?« fragte ein vierjähriges Mädchen mit blonden Locken und einer Puppe im Arm.

»Zur Oma«, antwortete ihre junge Mutter.

»Oh, das ist gut«, freute sich das Kind.

»Wartet Oma schon auf uns?«

»Ja.«

»Mutti, ich habe Durst. Wird uns Oma Milch geben?«

»Ja.«

»Mutti, sind wir bald dort?«

»Ja, mein Schatz. Sehr bald.« Das Mädchen machte vor Freude einen Luftsprung.

Am vorläufigen Ende unseres Wegs standen drei SS-Offiziere mit gespreizten Beinen. Die Stiefel hatte jemand auf Hochglanz gebürstet, und der Totenkopf an der Mütze verriet nur allzu klar, wozu sie da waren. Alle drei schauten sehr streng drein. Der in der Mitte, mit Handschuhen, gab mit der rechten Hand Befehle. Sichtlich sortierte er: »Links! Links! Rechts! Links! Links! Links! Rechts!«

Es ging sehr schnell. In wenigen Minuten waren 1500 Männer, Frauen und Kinder in zwei Gruppen aufgeteilt worden. Nach links. Nach rechts. Eine merkwürdige Gabelung. Für Fragen oder gar für einen Abschied blieb jedoch keine Zeit. Auffällig war allerdings, daß sich links eher ältere, kranke Menschen sowie Frauen mit Kindern befanden, rechts die jungen, arbeitsfähigen. So wurden Karel Ančerl und seine Frau voneinander getrennt. Ohne jede Rücksicht auf familiäre Bindungen. In diesem Augenblick ahnte niemand, daß rechts ein vorläufiges Weiterleben, links aber den sofortigen Tod bedeutete.

Jetzt war die Reihe an uns dreien. Meine Mutter war voller Angst und böser Vorahnung. Ich blickte den Offizier direkt an. Ein schöner Mann, der weder streng noch gar böse aussah, nur seine hellblauen Augen hatten einen stählernen Glanz.

»Links« hieß es ohne Bedenken für meine Mutter und ebenso sicher »Rechts« für mich.

Auf meine sechzehnjährige Schwester reagierte er nicht ausdrücklich. Also packte ich sie blitzschnell am Arm und zog sie mit mir nach rechts. Noch hatte ich Zeit für einen Blick in Mutters Gesicht. Es spiegelte ihr ganzes Entsetzen und die Verzweiflung, uns nie wiederzusehen. Dann verlor sie sich schnell in der Menge.

»Links« hieß es auch für die Mutter und das Mädchen mit der Puppe. Beide verschwanden im Menschengewühl.

Noch betrachtete ich mich nicht als Opfer. Eher kam ich mir als Zuschauer vor. Als ob mich das Ganze, das da an mir vorbeizog, gar nichts anginge. Obwohl es ein teuflisches Unternehmen war.

Es begann dunkel zu werden. Um so schneller und rücksichtsloser mußte jetzt alles gehen. Meine Gedanken wurden durch eine merkwürdige Erscheinung in einiger Entfernung unterbrochen. Ich sah eine Gruppe nackter, haarloser Frauen, die aus einer Holzbaracke über einen hell erleuchteten Hof liefen. Sie sahen nicht wie Menschen aus, eher wie Figurinen aus einem Panoptikum. Wer war das? Wohin sind die gelaufen?

Ich versuchte, meine fünf Sinne beisammenzuhalten, auch wenn ich das Geschehen rund um mich absolut nicht begriff. In der »Rechts«-Gruppe befanden sich etwa dreihundert gesund aussehende Mädchen und Frauen bis zu 35 Jahren. Eine SS-Aufseherin trieb uns im Laufschritt in eine der Holzbaracken. In einem kleinen Raum mußten wir uns völlig entkleiden. Wir würden allerdings zu unseren Kleidungsstücken und Schuhen zurückkehren, hatte sie uns versprochen. Auch etwaige Schmuckstücke mußten wir mit den Kleidern zurücklassen. Wir standen nackt da, eine neben der anderen. Den Ring von Arno behielt ich allerdings am Finger. Ich war nicht gewillt, mich von ihm zu trennen. Ganz im Gegenteil. Er wird mein Talisman, meine Kraft und Hoffnung werden. Meine Flamme, die mich am Leben erhalten wird.

Im Gänsemarsch mußten wir durch eine enge Öffnung, hinter welcher ein SS-Mann kontrollierte, ob wir tatsächlich nichts mehr bei uns hatten.

Schon war ich beinahe an der Reihe, als uns Schreien, Weinen, Bitten, Schläge aus der Fassung brachten. Was war passiert? Ein Mädchen hatte ihren Verlobungsring unter der Zunge versteckt, aber der Mann in Uniform hatte ihn entdeckt. Er schlug sie fürchterlich und führte sie ab. Wohin war natürlich unklar ebenso wie ihr weiteres Schicksal. Eine Leidensgengenossin hatte den Ring an meinem Finger entdeckt. »Um Gottes willen, tu den Ring weg! Du bist verrückt, man wird dich erschlagen. Ein Stück Blech steht doch wohl nicht dafür. Du hast doch gesehen, was mit der vor uns passiert ist.«

Es war nur ein Stück Blech (wie sie sagte), aber es war alles, was ich diesem Augenblick besaß, und wegwerfen konnte ich es nicht. Konnte ich Arno so verleugnen? Dieser Ring verband uns doch!

Ich versuchte Zeit zum Nachdenken zu gewinnen und verlangsamte meine Schritte, ließ die anderen an mir vorbeiziehen, was weiter nicht auffiel.

Hat meine Kameradin recht oder ich?

Den Ring wegwerfen oder ihn behalten?

Wenn ich mich seiner entledige, muß ich mich als Verräterin fühlen, und damit verliere ich jeglichen festen Boden unter den Füßen. Behalte ich den Ring, kann ihn der SS-Mann finden, vielleicht aber auch nicht. Es war wie beim Russischen Roulette. Es ging um mein Leben – und ich entschied mich.

Vom Ring lasse ich nicht ab. In ihm ist meine Liebe, all meine Hoffnung.

Trotz dem Zwischenfall, entgegen allen Gefahren, nahm ich den Ring in den Mund und trat, dem Schicksal ergeben, vor den kontrollierenden SS-Mann. Ich war mir aller etwaigen Konsequenzen bewußt, aber mein Entschluß stand fest, und ich war bereit, jeden Preis zu zahlen. Er begann meine Haare zu durchsuchen, und ich wartete nur noch auf den Befehl, auch die Lippen zu öffnen.

Aber in diesem Augenblick mischte sich eine höhere Charge in die Kontrolle ein, mit dem Befehl, sie zu beschleunigen. Also wurde ich weitergeschubst, und die nächsten kamen dran. »Schnell! Los!«

So hatte ich den Ring behalten. Es war dies meine erste vom Schicksal auferlegte Prüfung – und ich hatte sie bestanden.

Die Rettung meines Rings erfüllte mich mit neuer Kraft und einer gewissen Sicherheit, mich vor nichts mehr fürchten zu müssen.

Es ging weiter in den nächsten Raum. An dessen linker Seite stand eine lange Bank, auf der Männer in Sträflingsuniformen saßen, die Haarschneidegeräte in den Händen hielten. Jede von uns bekam einen der etwa zehn »Friseure«, die uns flugs alle

Haare am Kopf, in den Achselhöhlen, an der Scham und sonstwo abrasierten. Plötzlich erkannten wir einander nicht mehr. Rund um uns Haufen von Haaren aller Farben, Längen und Formen. Meine Schwester stand neben mir, und aus ihrem geschorenen Kopf leuchteten ihre Augen. Kurze Zeit starrten wir uns, überrascht von unserem neuen Aussehen, an. Wir erkannten uns nur an der Stimme.

Als die letzte die Prozedur absolviert hatte, jagte man uns in eine Rotunde mit Bänken in drei Ebenen bis zur Decke. Mein Instinkt ließ mich die oberste Etage wählen, von der aus ich einen Überblick gewinnen konnte. Als der Raum mit völlig nackten Frauen voll besetzt war, sah es aus wie in einem Lagerraum von Modepuppen vor ihrer Benutzung im Schaufenster, wo sie sich dann allerdings in schöner Bekleidung und modischer Haartracht vorstellen konnten. Wir jedoch nicht. Wir saßen ganz still da, mit Furcht in den Augen.

Plötzlich ein schneidender Befehl: »Alle heraus!«, und wir wurden ins Kellergeschoß gejagt, wo in einem großen betonierten Raum angeblich eine Dusche auf uns wartete. Vor der Tür standen schon Frauen aus einem anderen Transport, meist Ungarinnen, die allerdings uns unbekannte Informationen über Gaskammern hatten, die jetzt auf uns warteten: daß das keine Duschen seien, sondern Gas, das uns alle ersticken würde.

»Alle hinein! Los!« dröhnte über unseren Köpfen, und zehn Aufseher begannen uns in die Betonkammer zu pressen.

Die Ungarinnen wehrten sich, schrien, kreischten und versuchten, sich in der Gegenrichtung zu bewegen – was nicht gelang. Alle Wartenden wurden schließlich hineingestopft und die Stahltüren geschlossen.

An der Decke sahen wir Rohre, die streng geometrisch Quadrate bildeten. Wo sie sich überschnitten, war ein Zerstäuber angebracht. Für Wasser? Für Gas? Warum haben sich die Ungarinnen so heftig gewehrt? Aber warum sollte man uns vergasen? Es war doch nur vom Duschen die Rede. Meine Schwester hielt ich immer bei mir, und nebeneinander stellten wir uns unter die Duschen. Und schon floß heißes Wasser, ich hatte also recht gehabt, und die Ungarinnen hatten bloß überflüssige Panik gemacht. Von Seife natürlich keine Spur, nur heißes Wasser. Dieses hörte plötzlich auf. Die Türen öffneten sich, und wir wurden jäh hinausgejagt – naß und vom Wasser erwärmt in die kalte Oktobernacht. Jetzt war die Reihe an uns, nackt über einen erleuchteten Hof in eine andere Holzbaracke zu laufen. Mich durchzuckte der Gedanke: Mein Gott, jetzt sind wir die nackten Figuren, die ich kurz zuvor gesehen habe, ohne zu wissen, wer sie sind und woher sie kommen.

Das Schauspiel von vorhin wiederholte sich also, und ich wußte nun Bescheid. Auch darüber, daß es mit anderen Darstellerinnen weitergehen würde.

Wir befanden uns schließlich in einer Art großer Scheune, in der es von allen Seiten zog. Die Aufseherinnen formierten Fünferreihen. Ich hatte keinen Ehrgeiz, vorne zu stehen, und versuchte so wenig als möglich aufzufallen. Aber die Natur nimmt auch gute Vorsätze kaum zur Kenntnis, denn in diesem Moment spürte ich auf meinen Beinen mein Blut fließen. Zunächst schien es, daß die Aufseherin nichts merkte, aber das dauerte nicht lange.

»Du dort«, schrie sie und wies mit dem Finger auf mich, »nach vorne! Du Schwein! Du Judensau! Du dreckiges Tier!« Sie zog die Peitsche aus dem Stiefel und begann mich wie eine Verrückte mit fürchterlichem Geschrei unmäßig zu malträtieren.

Das hielt die Haut nicht aus, und es gab nur noch mehr Blut. Ich versuchte alles wie eine Marmorstatue zu ertragen, denn ich war sicher, bei geringstem Widerstand erschlagen zu werden. Wieder befreite mich ein Befehl einer höheren Charge. »Alle weiter in die Kleiderkammer! Los!« Das rettete mich.

Eiligst verschwanden wir dorthin, hinter mir meine Blutspur. Von zwei Bergen mit verschiedensten Kleidungsstücken und einem Wust von Schuhen warf uns je eine Aufseherin zu, was ihr gerade so in die Hände fiel. Wir mußten die Sachen fangen und schnell wieder verschwinden. Erst draußen konnte ich mir ansehen, was ich bekommen hatte. In einer Hand hielt ich ein olivgrünes Abendkleid aus dünnem Georgette, das mit Perlen und

Pailletten bestickt war. Weite, wallende Ärmel und ein großer Halsausschnitt. Dazu ein kleiner Mantel wie für ein 12jähriges Mädchen. Blau mit roten Streifen und blauem Futter. Zwei Socken – die eine war grün und kurz, die andere etwas länger, dafür violett. In der anderen Hand hielt ich ein paar Lackschuhe, die wohl einem Herrn mit sehr großen Füßen gehört haben mußten.

Trotzdem zog ich mich schnell an, denn es fing an, bitterkalt zu werden. Über uns leuchteten die Sterne.

Die Kleidungsstücke stammten sicher von Angehörigen früherer Transporte. Wem wohl mein grünes Ballkleid gehört haben mochte? Warum hat es seine Besitzerin überhaupt hierher mitgenommen? Wußte sie nicht, wohin sie gebracht werden sollte? Das Kleid war Zeuge längst vergangener Zeiten, als man zum Abendessen ein langes Kleid trug, oder es hätte noch zur Not in eine Theatervorstellung gepaßt. Jetzt werde ich es tragen – in einem ganz anderen Stück, in einem völlig unpassenden Milieu und unter sehr verschiedenen Lebensbedingungen.

Das Mäntelchen warf ich über die Schulter und schlüpfte in meine Schuhe, die mir von den Füßen fielen. Ich trat sie hinten nieder und schlurfte wie in großen Pantoffeln, um sie nicht zu verlieren. Manche Mädchen hatten statt der Schuhe schwarze Holzpantinen bekommen.

So vom Zufall ausgestattet, kamen wir endlich in den für uns bestimmten Wohnblock. Er gehörte zu jenen langen, schmalen Gebäuden ohne Fenster, die mir gleich bei der Ankunft aufgefallen waren. Alle sahen völlig gleich aus. Das Innere glich einer großen Scheune, die von roten Ziegeln auf dem Boden in zwei Hälften geteilt war. Ob die Ziegelsteine als etwaige Heizeinrichtung gedacht waren, war unklar, zumal es im Block schon im Oktober sehr kalt wurde. Auf beiden Seiten standen dreistöckige Bettstellen, die in engsten Abständen vom Boden bis zur Decke den Raum füllten. Auf jedes Brett der Pritsche kamen zehn Menschen, nebeneinander gepfercht wie Sardinen in der Dose. Am schlimmsten waren jene dran, die ganz unten lagen. Aber sitzen konnten alle nur in gekrümmter Haltung, denn man stieß gleich an die Pritsche über sich oder an die Decke. Anders bewegen konnte man sich auch nicht. Decken gab es keine. Wir konnten nur warten, was weiter geschehen würde.

Auf jeden Fall taten wir uns zu Gruppen zusammen, nach Alter und Vorlieben und dem Grad der Bekanntschaft aus Terzín. Außer meiner Schwester, die ich sorgfältig betreute, bildete unsere Fünferreihe noch Marta, die wunderbarerweise mit ihrem Mann Dr. Karel Bloch hierhergekommen war, weiter Nana Krásová, die Frau des Komponisten Hans Krása, in Terezín damals bekannt durch seine schöne Kinderoper *Brundibár*. Auch Anita Kohnová, die Frau des bekannten Oboisten Pavel Kohn, war bei uns. Wie wir nach einigen Tagen erfuhren, wurde er sofort ins Lagerorchester eingereiht. Dieses hatte die Aufgabe, jeden Morgen den Häftlingen beim Gang zur Arbeit außerhalb des Lagers aufzuspielen. Ebenso am Abend, egal, ob sie sich halbtot ins Lager schleppten oder gar wirklich Tote mitbrachten.

Wir fünf wollten einander in jeder Situation helfen und beistehen. Wir wußten, daß wir uns absolut aufeinander verlassen konnten. Wenn jemand allein war, hatte er es unter lauter fremden Menschen schwerer. Am ersten Abend im neuen Heim passierte nichts weiter, wir froren und hatten Hunger und Durst. Aber vor Ermüdung schliefen wir doch ein.

Noch kurz davor hatte ich aus dem Futter meiner Jacke ein Stück Stoff herausgerissen, und in Form einer kleinen Masche hängte ich daran Arnos Ring unter mein Abendkleid, wo niemand etwas vermutete oder gar sah. Mein Blick schweifte noch über die Schlafenden. Die abrasierten Köpfe sahen aus wie hohle, weggeworfene Schädel ohne Identifikationsmöglichkeit. Wohin waren wir gelangt? Es war eine unvorstellbare Welt.

Aber unser inneres moralisches und seelisches Gleichgewicht, jene unverzichtbare Kraft mußte unbeschädigt erhalten werden, sollte unter allen Umständen fest bleiben.

Ich dachte an alle Familienmitglieder. Meine Mutter könnte in der Nähe in einem anderen Block sein. Vielleicht waren auch Vater und Bruder hier, nur wußten wir das nicht. Welche Freude, einander wiederzusehen, und sei es durch den Stacheldraht hindurch.

Auch ich schlief schließlich ein in meiner Ballrobe und den großen Lackschuhen an den Füßen. Die erste schwarze Auschwitzer Nacht ging scheinbar ruhig vorüber, denn wir ahnten ja nichts von allem, was auf uns zukam.

Um fünf Uhr früh weckte uns die befehlende Stimme unserer leitenden SS-Frau: »Alle hinaus! Zählappell! Raus, raus!« Sie verlieh ihren Worten mit einem Schlag der Peitsche in die Luft gebührenden Nachdruck. Verschlafen sprangen wir von den Pritschen und liefen auf den Appellplatz, wo wir uns in Fünferreihen aufzustellen hatten. Es war noch finster, blasse Sterne standen am Himmel.

Sie begann mit dem Zählen. 5, 10, 15, 20 und so weiter.

Bis etwa dreihundert. Sie wiederholte das Zählen mehrmals und ging dann weg. Wir durften uns nicht rühren und nicht miteinander reden. So standen wir ohne Bewegung etwa drei Stunden in völliger Stille. Als sie endlich zurückkam, begann sie erneut mit dem Zählen und ordnete unseren Abgang in den Waschraum an.

Auch dieser wirkte wie eine große Scheune. An einer Längswand war eine Betonrinne und etwa pro Meter ein Wasserhahn. Aber wir konnten ihm nur einzelne Tropfen entlocken, und selbst um diese wurde gerauft und gestritten. Die am nächsten standen, versuchten zu trinken. An regelrechtes Waschen war nicht zu denken. Mir gelang es nur, etwas Wasser aus meiner Hand zu trinken.

Dann wurden wir wieder auf den Appellplatz gejagt, und das Zählen begann von neuem. Ein unsinniges Beginnen, aber es dauerte weitere Stunden ohne Essen und Trinken.

Es begann zu regnen. Wir mußten ausharren, während die Aufseherin verschwand und dann in einem Regenmantel zurückkam. Inzwischen waren wir naß bis auf die Haut. Wer krank wurde – wurde krank. Es gab ja keinen Ausweg.

Irgendwann gegen Mittag wurden wir abermals gezählt und dann in unseren Block zurückgejagt.

Auf Befehl durften sich zwei Frauen freiwillig als Blockälteste melden, um dann vor allem bei der Ausgabe des Essens tätig zu werden. Wie verrückt meldeten sich etwa 150, zumeist Polinnen und Ungarinnen. Keine einzige Tschechin. Wir boten unsere Dienste und etwaige Mitarbeit nicht freiwillig an, auch wenn wir ahnten, daß wir dadurch Nachteile erleiden und einer neuen Macht ausgeliefert würden. Endlich wurde eine Kanne mit Suppe gebracht. Das erste Essen seit unserer Abfahrt aus Terezín. Mir schien, daß inzwischen zehn Jahre und nicht drei Tage verstrichen waren.

Terezín verschwand allmahlich aus unserem Bewußtsein.

Unsere beiden Blockältesten kamen aus Ungarn. Sie nahmen sich ihrer Aufgabe bei der Suppenverteilung an. Je fünf Portionen wurden in eine Schüssel aus Zinn geschüttet, aus der dann je fünf Frauen die wäßrige Flüssigkeit zu sich nehmen konnten, eine nach der anderen. Die wenigen in der Brühe schwimmenden Kohlblätter mußte man einfach mit der Hand herausfischen. Löffel gab es nicht. Für sich und ihre Kameradinnen ließen sich die Blockältesten mehr geben, als ihnen zustand.

Wieder zurück auf den Pritschen, versuchten wir liegend oder gebückt sitzend die Zukunft abzuschätzen.

Plötzlich, wirklich ganz unerwartet (wie alles hier), tauchten drei Häftlinge auf, von denen ich einen sofort erkannte. Ota Weil hatte in Terezín bei unseren Theatervorstellungen als Beleuchter mitgearbeitet und war schon vor zwei Jahren aus Terezín abtransportiert worden. Jetzt wußte ich also, wohin alle »nach Osten« gefahren waren.

Die drei arbeiteten jetzt in Auschwitz als Elektriker und konnten sich daher frei bewegen. Ota kam, um eventuell seine Schwester zu finden. Ich stand auf, ihn zu begrüßen, er erkannte mich auch, obwohl wir beide eigentlich ganz anders aussahen als früher. Mich überraschte ein fremder, geistesabwesender Ausdruck in seinen Augen. Als ob er aus einer anderen Welt wäre. Er fragte mich sofort, wann ich hierhergekommen sei.

»Gestern, irgendwann nachmittags«, konnte ich nur sagen. Uhren gab es ja nicht.

»Bist du allein gekommen?« lautete seine nächste Frage.

»Nein. Mit meiner Schwester, die bei mir ist, und meiner Mutter.«

»Ist deine Mutter auch mit dir zusammen, oder ging sie nach links?«

»Ja, sie wurde nach links geschickt und ist jetzt wohl mit anderen älteren Frauen irgendwo in der Nähe.«

Ota führte mich statt einer Antwort wortlos zum Eingang und öffnete die Tür. Dann lenkte er meinen Blick auf eine nahe Feuersäule, die hoch in den Himmel loderte.

»Dort ist sie«, sagte er tonlos. »Sie ist in den Schornstein gegangen.«

In den Schornstein? Was meint er? Das ist doch Unsinn. Der arme Ota ist jetzt schon zwei Jahre hier, und sein Verstand hat sich verdüstert. Kein Wunder bei all dem, was er mit ansehen und erleben mußte. Er tat mir in diesem Augenblick richtig leid, und weil ich ihn nicht kränken wollte, widersprach ich nicht und sagte nur so beiläufig: »Na ja. Kann sein.«

Die Flammen waren Wirklichkeit, aber ich schrieb sie einer Bäckerei zu, die doch wohl ohne Unterbrechung arbeiten mußte, um so viele Leute zu füttern. Weitere Gedanken erlaubte ich mir nicht, schnell verabschiedete ich mich von Ota, denn ich sah keinen Sinn in einer Fortführung unseres Gesprächs. Schließlich war ich erst gestern angekommen und hatte noch meinen gesunden Menschenverstand, den Ota wohl inzwischen hier verloren hatte.

Beim Weggehen aber wiederholte er nochmals ausdrücklich: »Alle, die nach links geschickt wurden, gingen in den Schornstein.«

Die Zeit verrann. Ein Tag glich dem anderen. Entweder lagen wir untätig herum oder standen draußen bei immer neuen Zählappellen. Diese dauerten lange, lange Stunden – im Regen, in Wasserlachen, auf schlammiger Erde. Immer wieder, endlos. Wenn die Aufseherin gut aufgelegt war, machte sie schnell und verschwand. Hatte sie aber schlechte Laune, ließ sie uns stundenlang knien. Eines Tages kündigte sie für den nächsten Tag die Tätowierung einer Häftlingsnummer an. Wir hatten so etwas schon bei anderen, die länger hier waren, am Unterarm gesehen. Uns drohte sie die Tätowierung auf der Stirn an. Ängstlich warteten wir die ganze Nacht. Am nächsten Tag tat sich aber nichts. Wir blieben verschont. Plötzlich war keine Tinte mehr vorhanden. Was das Schicksal alles vermag!

Unser unerfreuliches Lagerleben nahm so seinen Lauf. Man vergaß allmählich, daß es irgendwo noch eine normale Welt gab, mit Bäumen und Vogelgezwitscher, mit dem Rauschen des Waldes. Auch konnte man sich keinen Straßenverkehr mehr vorstellen. Man verlor jedes Zeitgefühl. Erinnerungen an Heim und Familie wurden zu einem Traum, gar zu einem Alptraum. Bloßer Illusion glichen Gedanken an Menschen, die allein in ihren Betten schliefen und sich bei Tisch zum Essen zusammensetzten. Auch daß jeder seiner individuellen Arbeit nachging. Wir lebten in einer ganz anderen Wirklichkeit. Unserer Realität. Jetzt und hier. Denn nur was uns betraf, hatte Geltung. Nur das zählte.

Alles andere waren bloße Traumgebilde.

Ab und zu wurden plötzlich Nachrichten verbreitet. Niemand wußte, woher sie kamen und wer sie in Umlauf setzte. Wir nahmen alles zur Kenntnis, obwohl wir durchaus nicht immer begriffen, worum es ging. So zum Beispiel, daß im Lager ein Lastwagen mit einer schwarzen Plane auftauche, der aus irgendeinem Block dessen Insassen direkt in die Gaskammern liefere. Manche glaubten an solch eine Möglichkeit, andere wehrten sich dagegen – aus Angst. Denn wir alle fühlten instinktiv, daß teuflische Kräfte am Werk waren, um gräßliche Pläne auszuführen.

Wenn wir am Appellplatz standen, sahen wir gelegentlich weiße Krankenwagen ohne Fenster, aber mit einem roten Kreuz an beiden Seiten. Wir glaubten, daß sie Medikamente anlieferten oder gar Erste Hilfe leisteten. Aber es fehlte durchaus nicht an Stimmen, die behaupteten, daß sie das Gas zur Tötung der Menschen in die als Duschräume getarnten Vernichtungskammern brachten.

So etwas begriff ich einfach nicht, und mein Gehirn sträubte sich gegen solche Gedanken.

Eines Tages drohte mir eine besondere Gefahr.

Wir sprachen auf unserer obersten Bettstatt miteinander, als ich plötzlich auf der anderen Seite eine gute Freundin entdeckte, von deren Anwesenheit in unserem Block ich keine Ahnung gehabt hatte. Also eilte ich zu ihr, indem ich einfach auf ihre Pritsche hinüberkroch. Ich merkte nicht, daß sich unter mir ein SS-Mann befand, der prompt zu schreien begann: »Runter!«

Also sprang ich folgsam aus der dritten Etage vor seine Füße. Er blickte mich an und musterte mich von Kopf bis Fuß.

»Du kommst mit«, lautete seine kurze Order. Und wir gingen dem Ausgang zu. Tun konnte ich nichts. Das Schicksal hatte mir einfach übel mitgespielt. Noch einen Blick zurück auf alle, die wohl meinten, mich nie mehr wiederzusehen. Wer weiß, was mit ihr jetzt geschehen wird? Sie erwogen sichtlich mein weiteres Los. Ich wußte nicht, was mir passieren könnte, wovor ich mich fürchten sollte.

Wir verließen den Block. Keine Menschenseele war zu sehen. Wir gingen nahe an einem der Stacheldrähte entlang, die die Baracken umgaben. Die Wachsoldaten auf den Türmen beobachteten uns und ließen uns passieren. Wir blieben vor einem Blockhaus stehen, das genauso aussah wie unseres. Er öffnete und stieß mich hinein. Das Gebäude war leer, nicht einmal Holzpritschen waren vorhanden. Mein Blick fiel auf die halbhohe Ziegelwand inmitten des Hauses.

Dort lag eine ganze Menge verschiedener Sachen. Ich traute mich ein paar Schritte näher, um feststellen zu können, was es war. Es waren zumeist chirurgische Instrumente.

Also war mein erster Gedanke, daß man mir hier den Garaus machen wollte. Wie, das konnte und wollte ich nicht wissen. Ich hoffte nur, daß es schnell gehen würde. Was sollte ich auch tun – ich war in seiner Macht, und nichts und niemand konnte mir helfen oder mich gar befreien. Ich nahm mein Schicksal auf mich, vertraute mein Leben in Gottes Hand – und das beruhigte mich.

»Ausziehen und hinlegen!«

Nichts von dem, was ich in meiner Situation erwarten konnte, geschah. Er nahm eine Injektionsspritze und zapfte mir einfach

Blut ab. Mehr und mehr, so daß ich Angst hatte, auf diese Weise zu sterben. Aber er konnte nicht genug bekommen, bevor er nicht alle vorbereiteten Gefäße gefüllt hatte. Dann stach er mich noch ins Ohrläppchen und schrie: »Raus! Und schnell! Los!«

Ich zog also mein Ballkleid wieder an und verließ den Block. Aber draußen war ich völlig allein, und es war unter Todesstrafe verboten, sich auf dem Gelände ohne Aufsicht zu bewegen. Kein Wachposten würde auch nur eine Sekunde zögern, mich zu erschießen. Ich durfte also auf keinen Fall den Eindruck erwecken, daß ich zu fliehen versuchte, und ging daher so langsam wie möglich. Der Weg durch das menschenleere Lager dauerte unendlich lange. Die Leere und Stille ringsum waren fürchterlich. Ich hatte Glück und wurde nicht gesehen. Schließlich fand ich unseren Block. Als ich eintrat, begann eine der Blockältesten zu schreien und mich wie wild zu schlagen.

»Wo warst du? Was erlaubst du dir? Deinetwegen wird man uns jetzt erschießen.«

Meine Rückkehr war also schlimmer als mein Abgang. Schnell kroch ich auf meinen Platz, wo ich von meinen Nachbarinnen herzlich begrüßt wurde. Meine Schwester weinte vor Freude. Alle wollten wissen, was vorgefallen war und was ich durchzustehen hatte. Bald hatte ich mein seelisches Gleichgewicht zurückgewonnen und fühlte mich quasi wie zu Hause. Wie schnell man sich doch anpassen kann und muß! Zum Erzählen jedoch kam ich nicht, denn plötzlich standen wir vor einer neuen Situation.

Vor unserem Block machte der so gefürchtete Lastwagen mit der schwarzen Plane halt. Panik brach aus. Es traten etwa zehn Aufseherinnen mit Peitschen und zehn Aufseher mit Schlagstöcken ein. Sie bildeten ein Spalier zum Ausgang und jagten uns unter dem üblichen Gebrüll und Getue direkt in das Fahrzeug. Wie sich bald herausstellte, war jeder Widerstand, den einige versuchten, vergeblich. Die Peitschen und Stöcke erstickten ihn im Keim.

Im verschlossenen Lastwagen fuhren wir kreuz und quer durchs Lager. Wir konnten nichts sehen. Im Wagen entstand ein Chaos.

»Das ist das Ende. Hier werden wir durch Gas umgebracht«, meinten die, die etwas zu wissen glaubten. Die anderen konnten sich überhaupt nichts vorstellen. Gas. Gaskammer. Schornstein. Das waren für uns in unserem früheren Leben unbekannte Begriffe. Was sollten wir jetzt damit anfangen?

Schließlich kam das Gefährt zum Stillstand, und wir sprangen auf die Erde. Sofort hieß es, daß wir vor einer Gaskammer stünden. Wir mußten die üblichen Fünferreihen bilden, und die Zählerei begann schon wieder. Wir würden angeblich so lange hier stehenbleiben müssen, bis wir an die Reihe kämen. Die Gaskammer hat Vollbetrieb, und wir müssen also warten. Sogar auf den Tod ...?

Es begann das übliche Rätselraten, warum gerade wir ausgesucht worden waren, obwohl niemand bisher unsere Arbeitskraft getestet hatte. Warum wollten sie gerade uns loswerden?

Wir standen am gleichen Fleck die ganze Nacht und den ganzen nächsten Tag. Ohne Essen. Ohne Wasser. Wie zum Tode Verurteilte, die man nicht auch noch füttern würde. Niemand zeigte auch nur irgendein Interesse an uns. Aber keine von uns fiel in Ohnmacht. Allein die Willenskraft bewirkte dieses Wunder.

Ich dachte nicht an Tod und ließ auch nicht mein bisheriges Leben vor meinem geistigen Auge ablaufen. Ich hatte vor allem schrecklichen Durst, bedingt durch den erlittenen Blutverlust, und ein schreckliches Bedürfnis, mich wenigstens für eine Weile hinzusetzen. Mit größter Willenskraft hielt ich mich auf den Beinen, um nicht vor Müdigkeit und Durst umzufallen.

Und dann kam schließlich alles anders.

Reise nach Kurzbach

Die Lagerleitung hatte von vorgesetzter Stelle den dringenden Befehl erhalten, einen Transport von 2000 arbeitsfähigen Frauen zwecks Aushebung von Schützengräben an der Ostfront zusammenzustellen. Schützengräben? Gegen wen? Für wen? Und wo? Sollten wir etwa die sich nähernde russische Armee aufhalten? Den russischen Koloß – mit leeren Händen? Wahrlich eine völlig unerwartete Wendung unserer Lage.

Anstatt in die Gaskammer, marschierten wir endlich in Fünferreihen bis zu einem Bahngleis, wo schon ein Zug, diesmal mit Personenwaggons, wartete. Mit anderen Frauen wurden wir dort regelrecht verstaut, und bis zur Abfahrt dauerte es gar nicht so lange. Uns allen schien, daß uns ein Wunder aus der Hölle von Auschwitz erlöst hatte.

Aber die ständig im Zug patrouillierenden SS-Wachmannschaften hörten nicht auf, uns zu versichern: »Ihr kommt sowieso bald zurück.« Damit wir uns bloß keine Illusionen machten!

Zunächst waren wir trotzdem zufrieden, weggekommen zu sein, denn so schlimm konnte es wohl nirgends mehr sein. Aber bald stellte sich heraus, daß jede Veränderung nur Verschlechterung brachte. Damit findet sich der Mensch allerdings erst ab, wenn er sich selbst davon überzeugt hat. Auf die Reise bekamen wir für drei Tage nur ein kleines Stück Brot, das wir gedankenlos sofort verspeisten.

Der Zug war zwei Tage und zwei Nächte ständig unterwegs, an unbekannten Orten vorbei.

Endlich war es soweit, und wir konnten aussteigen. Rundum Felder und Wiesen. Niemand wußte natürlich, wohin wir verschickt worden waren. Bald jedoch bekam jemand heraus, wo wir uns befanden. Kurzbach hieß der kleine Ort nördlich von Breslau.

Die Bäume waren schon ganz kahl, die Straßen voll Schlamm, am Himmel dunkle, schwere Regenwolken. Ein kalter Wind machte uns zu schaffen. Es war schließlich schon November 1944.

Der Fußmarsch an unseren künftigen Aufenthaltsort dauerte mehrere Stunden. Wir kamen zu einem ehemaligen Landgut, von dem nur noch zwei Holzscheunen übriggeblieben waren. Eine an der Straße, die andere am Hang gegenüber. Dorthin wurden wir nach entsprechender Aufteilung eingewiesen: 1000 von uns sollten bleiben, die anderen weitergehen. Unsere Gruppe fand ihren Platz in der Scheune am Hang. Die beiden Gebäude waren aus leichtem Holz und hatten keine Fenster. Fünfzig Frauen mußten mit einem Stall für zehn Pferde vorliebnehmen.

Unsere Aufseher waren diesmal ältere Männer, die wohl nicht mehr an der Front gebraucht werden konnten. Sie trugen Uniform und Gewehr. Zwei Aufseherinnen aus Auschwitz waren auch hier und eine Lagerälteste. Sie wohnten allerdings in einem anderen Gebäude und hatten außerdem eine hölzerne Amtsstube zur Verfügung. Von dort kamen die täglichen Befehle.

In der Scheune standen die uns so wohlbekannten Pritschen, nur waren sie diesmal etwas anders aufgestellt. Der oberste Stock hatte hier den Vorteil, daß bis zum Dach viel mehr Raum war, man also normal sitzen konnte. Wir bezogen einen solchen Platz. Das war fast Luxus.

Den Abend nach der Ankunft bekamen wir nichts zu essen oder zu trinken. Wir waren vom Regen völlig durchnäßt, und die Kälte setzte uns zu. Die übergroße Müdigkeit brachte uns sofort den Schlaf.

Hinter der Scheune war die Latrine, die wir auch bei Nacht aufsuchen durften. Ich versuchte es. Es war zum Fürchten finster. Es hatte aufgehört zu regnen, aber die Kälte quälte mich sehr. Bei meiner Rückkehr erschien mir die Scheune wie ein großer Lagerraum, wo anstelle von Waren schlafende menschliche Körper abgelegt worden waren. Eigentlich waren es nicht einmal menschliche Körper, sondern eine Halde von nassen Fetzen, die unordentlich auf einen Haufen von Brettern hingeworfen worden waren.

Wie gewöhnlich um fünf Uhr früh wurden wir geweckt und mußten zum Zählappell. Dann wurden zehn Gruppen formiert, jede von uns bekam eine Schaufel, und los ging's zu dem Ort, wo wir graben sollten. Wir sahen sehr bizarr aus. Ich in meinem dünnen grünen Abendkleid mit aufgestickten Perlen und Pailletten An den Füßen die Männerlackschuhe, den Kopf kahl und einen Spaten über der Schulter. An der Stelle, wo wir haltgemacht hatten, war weit und breit gar nichts. Nur eine flache, öde Gegend, ohne Baum oder sonstige Orientierungsmöglichkeit. Daß wir plötzlich in die Natur versetzt worden waren und nirgends Stacheldraht sahen, gab uns die Illusion der Freiheit. Wir atmeten frische Luft, und etwas körperliche Arbeit konnte keinesfalls schaden, sondern im Gegenteil die Muskeln stärken. Die Auschwitzer Flammen erinnerten hier nicht an schreckliche Tatsachen, und unsere ältlichen Wachmänner verbreiteten keinen Schrekken. Vielleicht könnte es als Belohnung für geleistete Arbeit sogar etwas mehr zu essen geben. Und dann: Der Krieg muß sicher bald enden, wenn die russische Armee schon so weit vorgedrungen und uns so nah ist. Bis zum Friedensschluß kann es gar nicht mehr lange dauern. Dann können wir heimkehren, und Arno wird mich wiederfinden, wie er versprochen hat, und unsere Melodie pfeifen. Dann beginnen wir gemeinsam ein neues, glückliches Leben.

Die allgemeine Stimmung war plötzlich optimistisch, ja fast lustig. Doch das dauerte nicht lange. Das Lachen verging uns bald. Gegen uns stand ein neuer Feind auf, mit dem zu kämpfen schwer, ja unmöglich war. Wir wußten natürlich nicht, daß in diesem Teil Schlesiens der Wind im Gelände keinen Widerstand findet und so die Menschen peitscht. Die Temperaturen sinken in dieser Ebene im Winter auf minus 25 bis minus 30 Grad Celsius. Und wir waren praktisch ohne ordentliche Schuhe, ohne Kopfbedeckungen und mit dünnen alten Kleidern am Leib. Und der Winter kam sehr schnell.

Als wir um fünf Uhr morgens aufstanden, herrschte noch Nachtfrost. Das peinigte uns beim Zählappell. Zum Frühstück bekamen wir nichts. Dann ging es zu Fuß einige Kilometer zur Arbeit. Was sollten wir eigentlich schaffen – Schützengräben als Deckung oder als Panzersperren gegen die russische Armee? Wir paar Mädchen und Frauen, die mit Mühe einen Spaten tragen konnten. Der Boden war bereits gefroren, und mit unseren Schaufeln kamen wir nicht einen Zentimeter tief. Wir waren völlig ratlos. Allerdings beaufsichtigte niemand unsere Arbeit, und niemand trieb uns an, die Wachmänner beschränkten sich früh und abends auf unsere Begleitung. Aber zehn Stunden täglich in eisigem Wind und Frost am selben Ort zu stehen war ein schweres Los. Zu essen gab es bei der Arbeit nichts. Wir fanden uns um sieben Uhr früh an unserem Arbeitsplatz ein, und nach zwei Stunden fuhr nicht allzuweit ein Zug vorbei, dessen Lokomotive an einer bestimmten Stelle ihrer Fahrt immer pfiff. Dann wußten wir, daß es neun Uhr ist und noch acht Stunden sogenannter Arbeit in eisigem Wind auf uns warteten. Vor der Kälte gab es praktisch keinen Schutz, sie war unerbittlich. Wir bildeten kleine Grüppchen, um uns wenigstens gegenseitig ein bißchen vor dem Wind zu schützen. So sehnten wir immer den Augenblick des Rückmarsches in unsere Unterkunft herbei, denn dort bekamen wir wenigstens eine warme Wassersuppe. Um sieben Uhr abends marschierten wir dann, den Spaten über der Schulter, mehrere Kilometer ins Lager zurück. Damit war unser Arbeitstag zu Ende.

Zweimal in der Woche gab es ein Stück Brot, das drei Tage vorhalten sollte. Jede von uns ging mit dieser Zuteilung anders um. Jemand hatte in der Scheune ein Messer gefunden, das zum Allgemeingut erklärt und in hohen Ehren gehalten wurde. Wer es brauchte, konnte es benutzen. Manche schnitten damit ihre Brotration in drei gleiche Teile für jeden Tag, manche brachten es fertig, dünnste Scheiben zu schneiden, die dann die Illusion einer größeren Menge erweckten. Manche fabrizierten Brotwürfel, andere Dreiecke und berechneten, wie viele sich aus dem zugeteilten Stück herstellen ließen. Das Brot aufzubewahren war stets mit der Gefahr eines nächtlichen Diebstahls verbunden. Auch das gab es unter uns.

Ich legte mir eine andere Philosophie zurecht: Ich habe Hunger, Brot aufzuheben ist ein Risiko, ein kleines Stück macht mich nicht satt, also esse ich die ganze Portion auf, und mein Magen wird sich freuen. An die nächsten zwei Tage soll er nicht denken, das muß man aushalten können. Ich aber habe die angenehme Erinnerung an das reichhaltige Mahl. In der Nacht kann ich dann wenigstens ruhig schlafen, während andere um ihr Brot bangen.

Der Dezember brachte noch schärfere Fröste, und wir hatten weiterhin nichts, um uns zu schützen. Die Zahl der Erkrankten stieg bedenklich an. Wir schliefen in den Kleidern, die wir hatten, ohne uns mit irgend etwas zudecken zu können. In der Nacht warteten wir auf den Tagesanbruch, vielleicht bringt er besseres Wetter. Wir verfluchten das Herumstehen im Freien und empfanden die Scheune als angenehmen Aufenthaltsort.

Am Tag froren uns Hände und Füße. Die Schuhe waren undicht, durchnäßt und wurden niemals trocken. Wir stützten uns auf den Spaten und bargen eine Hand in der Achselhöhle, wo es etwas wärmer war, und so wechselten wir die rechte und die linke Hand, um zu verhindern, daß die Finger ganz erfroren.

Der ungleiche Kampf mit dem Frost und dem Hunger kostete viel Energie und verringerte die Willenskraft, allen Übeln doch zu trotzen. Unsere Stimmung sank wie das Thermometer. Plötzlich fanden wir aber heraus, wie man wenigstens den Hunger praktisch überlisten kann.

Das imaginäre Gastmahl und die Nadel

Wir begannen zu »kochen«. Sich Essen vorzustellen und davon zu reden begann die Nahrung selbst zu ersetzen. In unserer Gruppe – wir waren zehn – kamen wir überein, daß jeden Tag jemand ein festliches Mahl mit mindestens fünf Gängen vorbereiten mußte. Dazu gehörte auch das Verfassen einer Speisekarte sowie der Rezepte der einzelnen Speisen. Der Einfall setzte sich durch. Jeden Tag wurden großartige Menüs serviert, für die sich kein Grand Hotel hätte schämen müssen.

Es begann schon mit einem festlichen Gedeck. Zuerst kamen Suppen aller Art, exotische und heimische Vorspeisen, danach Fisch und erst nach einer Pause das Hauptgericht – exquisite Braten oder Geflügel und Wildbret, dazu natürlich Kartoffeln, Knödel, Reis, Teigwaren, Gemüse und selbstverständlich Wein. Mehlspeisen und Desserts machten uns süchtig. Zum Schluß dann wie üblich Kaffee, natürlich mit Schlagsahne.

Zufällig waren in unserer Gruppe lauter gute Köchinnen, die mit Einfällen und Erfahrungen nicht sparten. Und so kam es auch zu einem Zwischenfall. Das Mahl näherte sich seinem Ende, und an der Reihe war »Libussas Torte«.

»Ein halbes Kilo Butter, acht Löffel Puderzucker und zehn Eigelb werden verrührt«, begann die Köchin mit ihrem Rezept.

»Mach uns doch nichts vor«, unterbrach sie ihre ehemalige Nachbarin, »deine Mutter hätte niemals zehn Eier in einer Torte verwendet. Die war doch so sparsam! Höchstens zwei, aber zehn niemals. Ich war oft genug bei euch und weiß, daß eure Torten immer fad waren, hauptsächlich wegen der fehlenden Eier. Ich weiß nicht, warum deine Mutter gerade an ihnen sparte, reich genug wart ihr doch. Also gib hier nicht an!«

Die gastgebende Köchin wurde rot vor Wut und Verlegenheit, sprang auf ihre Opponentin, und es begann eine Rauferei mit viel Geschrei. Sie hätten sich die Haare ausgerissen, wenn sie welche gehabt hätten. Wir mußten sie gewaltsam trennen und festhalten, bis sie sich endlich beruhigt hatten. Den Rest des Tortenrezepts haben wir nie erfahren.

So trotzten wir imaginär dem Hunger, doch es blieb die Kälte. Eine Kameradin wurde eines Tages als Bedienerin unserer SS-Frau abkommandiert. Sie ging nicht mehr mit uns in den Frost hinaus, sondern verbrachte ihre Tage in der Wärme bei ihrer neuen Herrin. Vor allem aber brachte sie uns ein hochwillkommenes Geschenk. Eine Nadel! Eine wirkliche Nadel! Sie wurde zum Instrument der Rettung. Jeden Abend konnte man für eine Weile die Nadel haben und nähen. Zwirn und Fäden zogen wir aus Kleidungsstücken, die wir hatten. Aus dem Unterfutter meiner Jacke machte ich ein Kopftuch und noch etwas, das zwar keine Handschuhe war, aber doch die Hände einigermaßen vor der Kälte schützte. So verbesserten alle ihre Ausstattung gegen Wind und Wetter. Die Nadel hüteten wir wie unseren Augapfel und bürgten für sie mit unserem Leben.

Wie durch ein Wunder bekamen wir auch etwas, womit man sich zudecken konnte. Auch wenn es nur ein größeres Stück Zellwolle war, die kaum wärmte, konnte man sich doch darin einwickeln.

Eines Tages begegneten wir auf dem Weg zu unserem Arbeitsplatz einer Bäuerin. Sie war warm angezogen, trug einen Fellmantel, Filzstiefel und ein Wolltuch um Hals und Kopf, dazu gestrickte Wollhandschuhe. Sie hatte einen Rucksack. Als sie uns in unserer miserablen Bekleidung und fast barfuß sah, mit rotgefrorenen Beinen, blieb sie stehen, öffnete schnell den Rucksack und entnahm ihm ein Paar lange und warme schwarze Wollstrümpfe, die sie uns zuwarf. Zufällig stand ich nahe bei ihr und konnte die Strümpfe mit meiner freien Hand fangen. Ich bedankte mich artig, aber am liebsten hätte ich die Frau umarmt und ihr die Hände geküßt. Wir waren ganz verstört von diesem unerwarteten Geschenk. In der Scheune durfte sich abwechselnd jede aus unserer Fünfergruppe die Strümpfe anziehen und eine halbe Stunde anbehalten. Wir waren eine zusammengeschmolzene Einheit, meine Schwester Lída, die Kameradinnen Marta Blochová, Nana Krásová, Anita Kohnová und ich. Dann einigten wir uns, daß jede reihum die Strümpfe für einen ganzen Tag anziehen durfte, und ich sollte den Anfang machen. In der Nacht begann es zu schneien, und auch tagsüber fielen die Flocken vom Himmel. Was für eine Wohltat, was für ein Luxus, Strümpfe anhaben zu können. Zum grünen Abendkleid hatte ich jetzt ein blaues Kopftuch und etwas an den Händen, dazu schwarze Strümpfe. Mir kam vor, daß ich großartig ausgestattet sei. Die Temperatur betrug minus 20 Grad Celsius.

Nana als Wahrsagerin

Der Winter wurde immer schlimmer. In der Scheune hingen lange Eiszapfen von der Decke über unseren Köpfen. Allmählich wurde auch der Lagerleitung klar, daß es so nicht weitergehen konnte. Die Zahl der Erkrankten stieg ständig an. Also bekamen wir Schlafsäcke. Keine weichen, warmen, mit Federn gefüllten Schlafsäcke, sondern einfache Papiersäcke, wie sie zum Kartoffeltransport verwendet wurden. Die hielten zwar die Kälte nicht ab, aber man konnte doch wenigstens hineinkriechen und etwas mehr Schutz vor dem Frost finden. Die Säcke hatten nur den Nachteil, daß sie bei der geringsten Bewegung sehr stark raschelten, so daß in der Scheune jetzt ständig großer Lärm war. Aber an den gewöhnte man sich eben.

Außerdem sah jetzt die Scheune in der Nacht anders aus. Waren, nicht menschliche Körper waren hier, in Papiersäcke verpackt, in langen Reihen mehrstöckig gestapelt. Köpfe sah man ja jetzt keine mehr, sehr zum Unterschied von früher.

Nana Krásová, schön, hochgewachsen, immer blaß wie eine Waldfee, hatte früher lange schwarze Haare gehabt. Sie lag auf der Pritsche neben mir. Obwohl sie mich darauf aufmerksam gemacht hatte, daß sie Tuberkulose hatte, aßen wir, wenn es darauf ankam, die Suppe mit dem gleichen Löffel. Nana behauptete, eine besondere hellseherische Begabung zu haben. Einmal in der Nacht kroch sie plötzlich aus ihrem Papiersack, setzte sich auf und stierte in die Finsternis. Sie hatte mich durch ihre Bewegungen geweckt, und als ich sie so sah, fragte ich, ob sie etwas brauche, ob ihr etwas fehle.

»Nein, ich fühle mich wohl, nur hatte ich einen wundersamen Traum«, antwortete sie ganz ruhig.

»Wovon handelte der Traum?« fragte ich.

»Ich träumte, daß wir drei – Anita, du und ich – in Prag waren.«

»Das war doch ein ganz hübscher Traum«, meinte ich.

»Nein, ganz und gar nicht. Anita und ich schwammen in der Moldau, und der Strom riß uns plötzlich vom Ufer weg. Du warst auf der Karlsbrücke und schautest herum. Du allein«, sagte sie mit größter Sicherheit in der Stimme und ohne jeden Anflug von Zweifel, »du allein wirst überleben. Anita und ich kehren nicht nach Hause zurück.«

Das Jahr neigte sich dem Ende entgegen, die Gegend war tief in Schnee gehüllt, an Graben war nicht zu denken. Wie schön wäre es gewesen, die Tage wenigstens in der Scheune verbringen zu dürfen. Doch es kam der Befehl, daß wir von nun an Bäume aus dem Wald in ein Sägewerk tragen sollten. Der Traum, den Winter in der Scheune überleben zu können, schmolz wie eine Schneeflocke auf der Hand.

Um fünf Uhr früh marschierten wir also in einen entfernten Wald, wo schon die gefällten Baumstämme in großer Zahl auf uns warteten. Zu fünft mußten wir einen packen und wegtragen. Schnell schoben wir uns unter den Stamm, damit die Last gleichmäßig verteilt war. Begleitet vom üblichen Gebrüll »Marsch! Los! Los!« aus dem Mund des neuen Aufsehers. Ein Weg war im Schnee nicht zu finden, ständig versanken wir in einem Graben oder stolperten über unsichtbare Hindernisse. Wer nur Holzschuhe an den Füßen hatte, mußte besonders aufpassen, denn es bestand ständig die Gefahr, sie im Schnee zu verlieren. Auch waren die Knöchel im unwegsamen Terrain stark gefährdet.

Die Stämme waren sehr schwer, aber wir durften während des ganzen Transports keinen Augenblick haltmachen und sie nicht absetzen. Darauf hatten die begleitenden Wachmannschaften ein besonders wachsames Auge und gaben offen kund, daß sie auch bereit waren, uns zu schlagen. Als ich hingegen den Kameradinnen vorschlug, zum Gleichschritt zu singen, erntete ich die Billigung des Aufsehers. »Sehr gut«, sagte er.

Die Weihnachtsfeiertage waren nicht mehr fern. Unwillkürlich schweiften die Gedanken in »ferne« Gegenden, wo trotz Krieg und Verfolgung normale Menschen ihre Geschenke, viele Arten von Gebäck und Stollen vorbereiteten und sich auf ein gemütliches Beisammensein freuten. Wie weit entfernt waren wir von all dem!

Es war keine Kleinigkeit, die schweren Stämme einige Kilometer weit zu schleppen. Wenn wir sie endlich von unseren Schultern werfen konnten, zitterten die Knie, und die Füße versagten nur zu oft. Eine kleine Blechschüssel mit Wassersuppe bildete die Verpflegung für den ganzen Tag. Kein Wunder, daß wir abends todmüde auf unsere Bretter fielen und erst nach geraumer Zeit feststellen konnten, daß wir infolge von Hautrissen blutige Schultern hatten. Wie lange konnten wir diese Arbeit aushalten? Das war doch nichts für ein paar völlig abgemagerte Frauen, die täglich an Kraft und Gewicht verloren. Bald fanden wir heraus, daß wir täglich 12 Kilometer zurücklegen mußten. Jeden Tag wurde jemand ohnmächtig oder bekam hohes Fieber. Die Krankenstation, auf die man in einem solchen Fall geschickt wurde, war ein dunkles, schmutziges Loch, wo sich niemand um die Kranken kümmerte. Medikamente gab es keine. Entweder half die Natur – oder der Tod.

Unsere körperliche Verfassung verschlechterte sich rapide. Marta war die erste, die zusammenbrach. Sie wurde auf die Krankenstation geschickt, und wir nahmen im Geiste schon von ihr Abschied. Aber jeden Abend besuchte sie jemand, um ihr Mut zuzusprechen. Man durfte sich nicht dem Schicksal hingeben.

Schließlich konnte der Krieg nicht mehr lange dauern. Also galt es auszuhalten.

Es ereignete sich ein kleiner Zwischenfall. Bei einer abendlichen Heimkehr von der Arbeit schlichen wir nurmehr wie ausgepreßte Schatten herum. Ich wie immer in der letzten Reihe, weil ich nie auffallen und keine Privilegien haben wollte. Diesmal begleitete uns ein Aushilfsaufseher. Er war schon älter, im Zivilberuf mochte er Lehrer gewesen sein. Auch er schien müde zu sein und trieb uns nicht an. Wahrscheinlich hätte er viel lieber irgendwo zu Hause mit seiner Katze am Ofen gesessen, als hier Häftlinge zu bewachen. Plötzlich trat er zu mir und sagte ganz leise: »Kann ich Ihnen etwas geben?« Er siezte mich.

Ich hatte keine Ahnung, was es sein konnte, aber ich wollte ihn nicht beleidigen und sagte schlicht: »Bitte. Ohne weiteres.«

Er steckte die Hand in seinen Militärmantel und zog eine schöne weiße Semmel heraus. Wie wir jahrelang keine gesehen hatten. Schnell steckte er sie mir zu, und mit unsicherer Stimme fügte er entschuldigend hinzu: »Aber sie ist von Mäusen angenagt.«

Ich nahm die Semmel also in Augenschein, und tatsächlich: In ihrer Mitte war ein perfekt ausgehöhlter Krater. Das Innere der Semmel war auch weg, es war nur die gebackene Außenseite geblieben. Das tut nichts zur Sache, sagte ich mir, die Maus wollte auch essen, und meine Freude wurde gar nicht gemindert. Eigentlich war ich permanent so hungrig, daß ich die Gabe am liebsten sofort verspeist hätte, aber da fiel mir Marta ein.

Die war gewiß noch schlechter dran als ich, und deshalb mußte ich die Semmel für sie aufheben. Obwohl ich alle meine Kraft mobilisieren mußte, um nicht wenigstens ein Stück zu kosten, erinnerte ich mich daran, was Marta in Terezín für mich getan hatte, um mein Leben zu retten. Ich rührte die Semmel nicht an. Gleich nach der Heimkehr eilte ich auf die Krankenstation. Marta hatte sehr hohes Fieber und war kaum bei Bewußtsein. Ich erzählte ihr kurz, wie ich zu der Semmel gekommen war, und sie freute sich wirklich. Vor allem hatte sie aber großen Durst und meinte, sie würde sich die Semmel lieber für den nächsten Morgen aufheben. Und legte sie neben sich. Das war ein Fehler. Leider stahl sie jemand in der Nacht, und die arme Marta kam um den ihr zugedachten Genuß.

Mich freute jedoch die gute Tat des Wachtmeisters, die mich davon überzeugte, daß eben doch nicht jeder Deutsche ein Sadist war und daß es auch unter ihnen anständige Menschen gab, die gegen ihren Willen in die Kriegsmaschinerie eingespannt worden waren und ihr nicht entrinnen konnten. Ich habe ihn nie wiedergesehen, aber oft an ihn gedacht.

Als ich nach dem Besuch bei Marta in die Scheune zurückkehrte, ahnte ich nicht, was mich diese Nacht noch erwarten würde. Auf der Pritsche lag zu meiner Linken Nana Krásová und auf der anderen Seite meine Schwester Lída, die ich ständig bei mir haben wollte. Ich sagte wie üblich »Gute Nacht«, aber Lída antwortete nicht, sondern richtete sich auf und begann: »Ich muß dir etwas sagen.«

»Weißt du was, laß das ruhig bis morgen«, antwortete ich, denn es konnte doch nicht so wichtig sein.

»Nein, es muß jetzt sein.«

»Also gut. Worum geht es?« sagte ich nur gleichgültig, weil ich mir nichts Wichtiges vorstellen konnte. Sie aber warf eine Bombe vor meine Füße. »Ich bin in anderen Umständen.« Mir verschlug es den Atem.

»Was? Hör ich recht? Du? In anderen Umständen? Schwanger? Um Gottes willen, das hat uns gerade noch gefehlt. Wie ist das passiert? Wann? Wo?«

Sie war sechzehneinhalb Jahre alt.

»Erinnerst du dich«, begann sie langsam, »an die beiden Septembertransporte junger Männer aus Terezín? Mit einem fuhr unser Bruder Jirka weg, mit dem anderen mein Freund Petr. Wir hatten einander sehr lieb und wollten uns verabschieden. Sein Bekannter überließ uns kurz seine Mansarde, und dort ist es passiert. Es war für mich überhaupt das erste Mal. Nach dem Krieg wollten wir uns wiedertreffen.«

»Das ist eine unmögliche Situation! Das ist eine Katastrophe! Jetzt und hier schwanger sein, weißt du, was das bedeutet? Ohne

Essen bei schwerster Arbeit und ohne jede Hilfe. Wie soll das enden?«

»Ich weiß es nicht. Vielleicht ist der Krieg bis dahin zu Ende.«

»Wenn es denn im September passiert ist, so bist du jetzt im dritten Monat, also müßte das Kind im Juni zur Welt kommen. Und wenn einer von den Aufsehern etwas merkt? Du weißt doch, daß in Auschwitz schwangere Frauen sofort nach links geschickt wurden. Wer weiß, was mit ihnen passierte? Jetzt ist die Hauptsache, daß von deinem Zustand niemand erfährt. Wie soll ich dich beschützen?«

Ich war in äußerster Verzweiflung. Ich betrachtete meine Schwester und bemerkte selbst schon die kleine Rundung, vielleicht weil sie wie wir alle so abgemagert war. Wir hatten so wenig zu essen, daß selbst ein paar Löffel von meiner Suppe und einige Bissen von meinem Brot kein effektiver Beitrag sein konnten. Andere Möglichkeiten gab es schon gar nicht. Noch schlimmer war es mit dem Schleppen der schweren Baumstämme aus dem Wald ins Sägewerk. Ich richtete es also wenigstens so ein, daß ich als letzte der Reihe den Baum auf meine Schulter nahm, während Lída vor mir nur ganz leicht den Stamm berühren mußte. Und ständig hatte ich Angst, daß doch jemand etwas merken könnte.

Die Zeit schleppte sich unerträglich langsam dahin. Schon war Januar 1945, und eine Wende war nicht in Sicht.

Und wieder einmal richtete sich nachts Nana Krásová auf, weckte mich und sagte: »Schon wieder so ein schöner Traum!« begann sie.

»Wieder aus Prag?« fragte ich.

»Nein. Mir träumte, ich wäre auf einer großen, schönen grünen Wiese, wo einundzwanzig weiße Pferde trabten. Auf einem saß Hans, winkte mir lachend zu und forderte mich auf, mich zu ihm zu setzen. Mir gelang der Sprung auf das Pferd, und wir verschwanden in der Ferne. Er versprach mir, daß wir dort alles in Hülle und Fülle vorfinden würden.«

»Du verstehst den Sinn dieses Traums?« wollte ich wissen.

»Ja, nur leider verspricht er nichts Gutes.«

»Wieso denn, es war doch ein sehr schöner Traum«, entgegnete ich.

»Zdenka«, fuhr sie mit seherischer Miene fort, »du wirst sehen, daß es hier am nächsten Einundzwanzigsten zu einer großen Veränderung kommt. Zum Schlechteren.« Und wollte sich nicht weiter äußern.

Todesmarsch

Laut den Vorahnungen von Nana sollte am 21. Januar etwas passieren. Aber nichts geschah. Der Tag verlief zunächst wie jeder andere. Früh um fünf in den Wald zur Arbeit. Die schweren Baumstämme vergällten uns sogar das Singen bei ihrem Transport ins Sägewerk. Auch Singen kostet Energie, und mit der war es schlecht bestellt. Für den ganzen Tag gab es nur eine Schale Wassersuppe, so daß wir uns während des Rückwegs schon freuten, in unsere Papiersäcke kriechen, die Augen schließen und einschlafen zu können. Das war der beste Weg, allen Hunger zu vergessen. Und wieder hatten wir einen Tag überlebt.

Nicht so an jenem Abend.

Nach mehrmaligem Zählen kam der Lagerkommandant, den wir nur äußerst selten zu Gesicht bekamen, und verlas einen Befehl: »Kurzbach muß sofort geräumt werden. Die Kranken müssen dableiben, die anderen treten in einer Stunde am Hof an und verlassen zu Fuß das Lager.«

Also hatte Nana doch recht gehabt. Jetzt wird es uns wohl an den Kragen gehen. Wir suchten unsere Scheunen auf. Einzupacken gab es eigentlich nichts, also stopfte ich nur ein wenig Stroh in meine Lackschuhe. Wer weiß, wie lange und wohin wir marschieren werden.

Plötzlich tauchte die immer mutige und robuste Blanka Krausová, sogar eine entfernte Verwandte von mir, in unserer Baracke auf und schrie aufgeregt:

»Mädels, um die Ecke ist ein Keller voller Kartoffeln, lauft schnell hin und steckt euch welche für den Weg ein!«

Tatsächlich waren dort ganze Halden. Jede von uns nahm, was

sie konnte, und verstaute die Kartoffeln, wo immer es ging. So wurden sie unser einziges Gepäck.

Ich sorgte mich um Marta auf der Krankenstation. Werden die Patienten wirklich dableiben, wie der Lagerkommandant andeutete, und was soll mit ihnen geschehen? Fieberhafte Erwägungen, denn die Zeit drängte. Wir beschlossen einstimmig, Marta nicht zurückzulassen. Also liefen wir auf die Krankenstation und rissen sie von ihrem Lager. Sie hatte keine Ahnung, worum es ging, den Kranken wurde nichts mitgeteilt. Wegen ihres ständigen Fiebers konnte sich Marta kaum auf den Beinen halten. Wir überzeugten sie schnell von unserem Entschluß, und sie versprach, den Rest ihrer Kräfte auf den Marsch mit uns zu konzentrieren.

Dann erhielten wir eine Ration Brot, die drei Tage vorhalten sollte. Es war schwer, der Lockung zu widerstehen, die ganze Zuteilung auf einmal zu verspeisen, auch wenn das Brot von sehr schlechter Qualität war. Noch dazu war es schimmelig. Doch wenn man Hunger hat, ißt man alles.

Dann traten wir den Marsch mit ungewissem Ziel an. Im Frost gingen wir in Fünferreihen durch die nächtliche Landschaft. Zu beiden Seiten begleitete uns eine ungewöhnlich große, bewaffnete Wachmannschaft.

Wir waren nicht weit gegangen, als wir das entsetzte Geschrei unserer Kameradinnen auf der Krankenstation und kurz darauf Gewehrschüsse hörten. Alle Kranken wurden erschossen.

Dann herrschte eine tödliche Stille.

Die russische Armee rückte damals schnell vor und näherte sich unserem Gebiet. Die Deutschen wollten nicht zulassen, daß ihre Gefangenen in russische Hände fielen, und trieben uns auf deutsches Gebiet. Wir befanden uns in der Nähe eines Frontabschnitts, von wo wir den ganzen Tag und die ganze Nacht Detonationen hörten. Das war für unsere Ohren wie Musik, wir hofften, daß die Russen schneller wären als wir und uns jeden Tag und vielleicht jeden Augenblick einholen würden.

Wir marschierten nach Westen, Tag und Nacht, Tag und Nacht.

Immer wieder fuhren hoch beladene Wagen mit den Einwohnern des Gebiets an uns vorbei. Alle Dörfer wurden geräumt, die

Menschen verloren plötzlich ihr Heim, versuchten aber mitzunehmen, was greifbar war, sogar Geflügel und Vieh. Allmählich verstopften sich die Straßen, da alle in heller Flucht waren. Überall herrschte Unruhe und Eile, alle waren im Aufbruch ins Ungewisse. Und unweit davon im Osten wälzte sich der russische Koloß näher.

Drei Tage waren wir ohne Schlaf unterwegs, jetzt auch schon ohne jegliches Essen. Der Marsch wurde zu einer immer härteren Prüfung. Die Leute auf den Wagen hatten wenigstens Decken oder Planen, die sie vor Schnee, Kälte und Wind schützten. Auch konnten sie zumindest zeitweise sitzen oder liegen.

Die Kartoffeln, die wir mitgenommen hatten, wurden allmählich zur Last. Ab und zu verzehrten wir ein Stück roh, was für eine Weile über den größten Hunger half.

In der Reihe hinter mir war Mitzi Poláčková, Modistin aus Prag. Die hatte sich keine Kartoffeln mitgenommen. Also klopfte sie mir auf die Schulter und sagte: »Zdenka, ärgere dich bitte nicht über mich, aber könntest du mir ein paar Kartoffeln leihen, nach dem Krieg gebe ich sie dir wieder.«

Ich gab ihr, was ich konnte. Vielleicht haben sie ihr geholfen. Letzten Endes mußten wir schweren Herzens alle Kartoffeln wegwerfen, weil sie uns einfach durch ihr Gewicht zu sehr belasteten.

Viel schlimmer noch machte sich der Mangel an Schlaf bemerkbar. Wir waren dem Zusammenbruch nahe, denn drei Tage ohne Unterlaß zu marschieren kann man einfach nicht aushalten. Der Frost sank auf minus 30 Grad. Es war allen klar, daß wir diesen Marsch nicht mehr lange durchhalten konnten, Atembeschwerden nahmen zu, Erfrierungen machten uns zu schaffen. Die Nasen waren nur noch Eiszapfen.

Aus Verzweiflung kam uns ein Einfall, der uns wohl das Leben rettete. Wir kamen darauf, daß man auch im Gehen schlafen kann. Die Natur ist barmherzig. Wir wechselten uns beim Schlafen ab. Wer an der Reihe war, kam in die Mitte der Reihe, hängte sich bei seinen Nachbarinnen ein und wurde von ihnen geführt. Man spürte eine gewisse Sicherheit, konnte die Augen schließen – und schlief ein. Die Füße bewegten sich automatisch weiter. Man konnte so etwa zwei Stunden lang die tödliche Müdigkeit bekämpfen und teilweise überwinden. Wenigstens schien es so, denn man hatte sich wie durch ein Wunder erholt. Es gelang uns, abwechselnd alle in den Genuß dieser von uns ersonnenen Wohltat kommen zu lassen.

Trotzdem begannen sich unsere Reihen zu lichten. Die Schwächeren hielten das Tempo des Marsches nicht aus und begannen zurückzubleiben.

Was immer das Ende bedeutete. Wenn jemand erst stehenblieb, dann in den Schnee auf der Straße fiel, wurde sie vom nächsten Wachposten befehlsgemäß erschossen.

Anscheinend konnte keine Macht der Welt eine solche Hinrichtung abwenden. Manche aus unserer Kolonne liefen daher lieber barfuß, denn schwere Holzschuhe waren besonders hinderlich. Die Angst hinzufallen war übergroß, denn niemand konnte daran zweifeln, daß die todbringende Kugel bereits in irgendeinem der Gewehre wartete. Der fünfte Tag war besonders kritisch, denn Hunger, Kälte, Übermüdung forderten mehr und mehr Opfer. Viele unserer Kameradinnen fanden so im tiefen Schnee am Rande der Landstraße ihr stilles, weißes Grab.

Auch Lída wurde von der Erschöpfung betroffen, was ich bei ihrem Zustand ständig befürchtet hatte. Sie war nur noch ein Schatten ihrer selbst und hatte sichtlich Schwierigkeiten, die Beine in Gang zu halten. Sie hängte sich an meine Schulter und sagte leise: »Ich kann nicht mehr. Ich muß dableiben. Laß mich hier zurück und geh weiter.«

Mir war klar, daß sie tatsächlich keine Kräfte für den Weitermarsch hatte. Aber um Gottes willen, was tun? Ich kann sie doch nicht einfach verlassen, mich im Gehen verabschieden, um dann den Gewehrschuß hinter mir hören zu müssen. Hätte ich etwas Derartiges denken oder gar aushalten können?

Ist der Tod so einfach? So leichtgewichtig und ruhig wie die Schneeflocken, die in der Luft wirbelten? Oder soll ich jetzt auch die Marschkolonne verlassen, bei meiner Schwester bleiben und mit ihr sterben? Nein, das nicht. Das darf ich nicht zulassen. Weder das eine noch das andere. Lída muß die allerletzten Reserven mobilisieren und weitergehen. Wir müssen zusammen weitermarschieren, wir müssen leben und überleben. Alles in mir sträubte sich. Wahrscheinlich trägt jeder Mensch ein Kästchen für letzte Lebenshilfe mit sich. Nur wissen wir nicht, wo, und auch nicht, was darin ist, bis es sich im kritischsten Augenblick selbst öffnet. Es sind dort keine Arzneimittel und Notverbände. Nur feste Anweisungen, die uns den weiteren Weg führen. Vor allem birgt das Kästchen Stärke, eine ungeheure, unbekannte, rätselhafte Stärke, von deren Existenz wir bislang nichts wußten. Sie kommt nur in äußerster Not zum Vorschein, wenn es ums nackte Leben geht. Nur mit ihrer Hilfe können wir wie durch ein Wunder auch scheinbar Unmögliches erreichen.

Ich redete Lída gut zu und befahl ihr dann, sie müsse weitergehen. Mit dem Einsatz ihrer letzten Kräfte gehorchte sie. Nach bewährtem Rezept nahmen wir sie in die Mitte der Reihe und bewogen sie einzuschlafen und etwas neue Kraft zu gewinnen.

Da bot sich plötzlich für uns alle ein Nachtlager. Es war eine mehrstöckige Scheune, in die wir gesperrt wurden. Im Innern war vollkommene, schwarze Dunkelheit, daß man keinen Millimeter vor sich sah. Wir wurden gleichzeitig hineingestopft, die Tür wurde verschlossen. Die Dunkelheit verursachte ein fürchterliches Chaos, da es für Hunderte von Leuten zuwenig Platz zum Schlafen gab. Wir lagen auf einem Haufen, eine kroch über die andere. Am Morgen waren wir total erschöpft, wie nach einem Kampf.

Später lernten wir, daß es besser und günstiger ist, ein Nachtlager in einem Stall zu finden. Man kämpfte geradezu um die Gunst, auf dem schmutzigen Stroh neben einer Kuh liegen zu können. Erstens gab es dort immer Licht, und man konnte sich ungehindert ausstrecken. Bei den Tieren zu schlafen ist wahrlich nicht das Schlimmste – und sicherer als mit Menschen ist es obendrein. So lernte ich Pferde, Kühe, Ziegen und Schafe als nächtliche Zimmergenossen schätzen.

Leider gaben mehr und mehr von uns aus Erschöpfung den Kampf ums Überleben auf und fanden im Schnee den Tod. Ihre Leichen säumten den Weg, den wir gegangen waren.

Am zehnten Tag gelangten wir ans Ufer der Oder, die um diese

Zeit – es war Ende Januar – wild und ungestüm Wassermassen und Eisschollen vorwärtstrieb. Unsere Kolonne machte halt, und plötzlich erschien unser Lagerkommandant, der uns unerwartet die Mitteilung machte: »Wer noch kann – weiter. Wer nicht – dableiben.«

Das war etwas wie das delphische Orakel der griechischen Priesterin Pythia. Wir bemühten uns trotzdem, den Worten einen besonderen Sinn zu entnehmen, aber wie sehr wir sie auch in alle Richtungen drehten und wendeten, nichts kam heraus.

Was heißt »weiter«? Wie lange und wohin sollten wir noch marschieren? Und was passiert dann mit uns?

Was aber bedeutet dableiben? In etwa zwei Tagen werden an dieser Stelle die Russen erwartet. Sollen die »Dagebliebenen« ihnen lebendig übergeben werden? Oder sollen die Erschießungen weitergehen?

Marta, die bisher heldenhaft ausgehalten hatte, entschied sich als erste, daß sie bliebe, was immer kommen möge. Sie konnte einfach nicht mehr. Andere schlossen sich ihr an. Etwa siebzig Frauen wollten bleiben.

Manche wägten die beiden Möglichkeiten gegeneinander ab. Was war besser? Ich tat das nicht. Der Kommandant hatte gesagt, daß, wer noch könne, weitergehen solle. Ich fühlte noch genug Kraft in mir, nicht nur für mich selbst, sondern auch für meine Schwester. In solch einem Augenblick entscheidet jeder für sich, ob er weitere Strapazen noch ertragen kann.

Weit und breit war keine Brücke in Sicht, von Booten keine Spur. Dann erschienen einfache Flöße, auf die wir gejagt wurden. Trotz allen traurigen Verlusten war unsere Gruppe noch immer sehr zahlreich, so daß die Flöße zu schwer wurden und wir bis zu den Knien im eiskalten Wasser standen. Im reißenden Strom war an eine ruhige Überfahrt nicht zu denken, Halt gab es keinen, und die Angst, kläglich zu ertrinken, war groß. Wir klammerten uns aneinander. Schließlich landeten wir aber doch am anderen Ufer. Dort stellte sich dann heraus, daß unsere Anzahl auf die Hälfte der Kurzbacher Lagerinsassinnen, die den Weg angetreten hatten, gesunken war. Marta war als erste von uns Fünfen nicht mehr dabei. Was aus den am anderen Ufer Zurückgelassenen geworden ist, erfuhren wir nicht.

Groß-Rosen

Noch vier Tage waren wir zu Fuß unterwegs. Wir dachten, daß wir mindestens halb Europa durchwandert hätten, fast ohne Schuhe, in zerschlissener Kleidung. Dabei wären es auf direktem Weg kaum mehr als 100 Kilometer gewesen.

Endlich standen wir vor dem Tor des Konzentrationslagers Groß-Rosen. Wir waren glücklich, daß wir überhaupt irgendwohin gefunden hatten, und es störte uns gar nicht, daß wir wieder hinter Stacheldraht gefangen waren. Die Zeiten ändern sich und wir mit ihnen – das hatten wir doch im Lateinunterricht gelernt. So schien unser neuer Aufenthaltsort gar nicht so schrecklich zu sein. Beruhigend wirkte, daß man ein Stück Wald sehen konnte. Ein Dach über dem Kopf schützte einigermaßen vor dem Frost – und wir mußten nicht wieder marschieren. Wir fühlten uns fast in Sicherheit.

Man schenkte uns keinerlei Aufmerksamkeit, wir mußten nichts tun, und Suppe wurde sogar zweimal am Tag ausgeteilt. Schlafstellen gab es allerdings keine, sondern nur den blanken Boden. Aber Zählappelle mußten wir zweimal pro Tag absolvieren.

Groß-Rosen war hauptsächlich ein KZ für Männer. Wir sahen täglich die Häftlinge auf ihrem Gang zur Arbeit in den Gruben. Man glaubte nicht, Menschen vor sich zu haben. In den breitgestreiften Häftlingsanzügen und mit den kleinen Mützen auf dem Kopf sahen sie nur wie Schatten von Körpern aus, aus denen man noch die letzten Tropfen Leben preßte. Ohne Ausdruck betrachteten uns ihre Augen, als ob sie ganz und gar nicht von dieser Welt wären.

Es waren lebende Leichname.

Die erste dunkle Nacht senkte sich über das Lager. Die meisten schliefen unruhig. In der Finsternis tappte ich aus dem Blockhaus. Draußen herrschte absolute Stille. Keine Menschenseele weit und breit. In der frostigen Nacht nahm ich zunächst den

Stacheldraht wahr, dann aber Sterne am Himmel. Es schien mir, daß sie mir zuzwinkerten. Nein, sie lachten uns aus. Wegen aller menschlichen Verrücktheit, Eitelkeit, kleinlichen Benehmens bei aller Vergänglichkeit. Als ob sie uns für alle anderen zum Bewußtsein bringen wollten, wie lächerlich und unwichtig die Menschen sind mit all ihren Kriegen und falschem Stolz auf jeden noch so kleinen Sieg. Sie gaben zu verstehen, wie kurz unser Leben ist und wie wenig wir es zu nutzen vermögen. »Schaut doch auf uns – nur wir sind ewig.«

Weiter nach Mauthausen

Schon eine Woche waren wir hier – und plötzlich wurde die Nachricht verbreitet, daß die russische Armee immer näher rückte und Groß-Rosen schnell evakuiert werden müsse. Also wieder ein Marsch vor uns, diesmal angeblich ins Innere Deutschlands. Und gleich Zehntausende Häftlinge auf einmal.

Neue Angst überfiel uns – aber diesmal war ein langer Zug vorbereitet, und das nahmen wir gern zur Kenntnis. Es störte uns nicht, daß er nur offene Wagen mit niedrigen Wänden führte, wie sie für den Transport von Kohle verwendet werden. Das war allemal besser, als sich die Füße auf der Landstraße wundzulaufen. Noch ahnten wir nicht, daß das scheinbar Positive wie immer auch das Gegenteil in sich barg, diesmal sogar in verstärktem Maße. Es sollte ärger kommen, als wir denken konnten. Eigentlich war es ein Schritt in den Tod.

Zunächst stiegen wir auf einem Nebengleis in die Wagen, in denen wir stehen mußten. Als wir einander schon fast zerquetschten und davon überzeugt waren, daß nicht einmal eine Maus mehr Platz fände, wurden noch weitere Frauen in unser Gefährt gepreßt, etwa vierzig zu uns neunzig. Aber alles hat seine Grenze, auch der Raum in einem offenen Eisenbahnwagen. Also standen wir nur auf einem Bein, für das andere war nirgends mehr Platz. Ich hielt mich an der niedrigen Wagenwand fest und ließ mich nicht abdrängen, denn ich fühlte instinktiv, daß inmitten der Masse der Tod eine allzu große Chance bekäme. Der Zug setzte sich in Bewegung, die vorauszusehende Hysterie in der

Mitte des Wagens brach aus, denn dort wurde es unmöglich zu atmen. Hilfeschreie verhallten in der kalten Winterluft.

Wir waren bereits einen ganzen Tag und eine ganze Nacht unterwegs. Wir sahen verlassene Dörfer und Höfe. Zu essen oder zu trinken bekamen wir nichts. Der Durst wurde immer schrecklicher. Der Zug durchfuhr viele Bahnhöfe, aber hielt nirgends.

Plötzlich fing es an zu schneien, und wir betrachteten die Flocken als Manna, das vom Himmel fiel. Wo wir ihrer nur habhaft werden konnten, lasen wir sie auf, auch direkt aus der Luft. Gleichzeitig aber begann es zu regnen, so daß wir innerhalb weniger Minuten völlig durchnäßt waren, was das Gefühl der Kälte nur steigerte. Schutz gab es keinen, nirgendwo. Wir wurden immer müder und wollten schlafen – kein Wunder nach drei Tagen in dieser Lage. Es war nicht zu verhindern, daß sich der Boden des Wagens mit Exkrementen bedeckte, die dort mit schwarzem Staub aus der Luft eine kotige, schrecklich stinkende Masse bildeten. Und manche konnten sich wirklich nicht mehr auf den Füßen halten und waren somit verurteilt, ihr Dasein in diesem grausigen Schlamm fortzusetzen.

Eine Katastrophe drohte auszubrechen, wenn der Zug unerwartet scharf bremsen mußte, denn dann fielen Stehende auf die Kauernden oder gar Liegenden und erdrückten sie. Die Zahl der Toten im Wagen stieg dauernd an. Auf tote Körper zu treten war bei den Bewegungen des Zuges unausweichlich.

Durch einen Stoß verlor auch ich das Gleichgewicht, und ich konnte mich nicht mehr aufrichten. Ich mußte mich auf einen Leichnam setzen und dort die ganze Nacht ausharren. Die einzige Stelle, wo sich meine eine Hand wenigstens etwas festhalten konnte, waren die Zähne im offenen Mund meiner toten Gefährtin.

Nach fünftägiger ununterbrochener Fahrt blieb der Zug endlich stehen, auf einem Nebengleis. Ein Schild zeigte an, daß wir in Weimar waren.

Die Wagen wurden von außen geöffnet, und in nur wenigen Minuten verwandelte sich der Bahnsteig in der ganzen Länge des Zuges in einen ungeheuren Misthaufen, auf den aus den Waggons nicht nur aller Unrat, sondern auch alle Leichen als unbrauchbarer menschlicher Abfall geworfen wurden. Paradox schien mir, daß dies gerade in der Stadt der großen deutschen Klassiker, also dem Sitz ehemaliger Hochkultur, passierte.

Und die Überlebenden in den Waggons? Die waren glücklich, daß sie jetzt mehr Platz für sich hatten. Wie stark und egoistisch ist doch der Wille, zu überleben.

Unsere Reise endete hier aber nicht. Eigentlich waren wir hierhergebracht worden, um weiter ins KZ Buchenwald zu marschieren. Aber plötzlich war festgestellt worden, daß dieses Lager überfüllt war, weshalb wir weiterfahren mußten. Nach irgendeinem Mauthausen, von dem niemand etwas wußte.

Uns war es schon egal, wohin wir fuhren und was dort auf uns wartete. Wir waren sowieso halbtot.

Es folgten weitere Tage unerträglicher Bahnfahrt. Hunger, Durst, Kälte – und weitere Tote. Wir bekamen ein Stück schimmeliges Brot und eine Scheibe Käse zu essen. Niemand konnte auch nur einen Bissen hinunterwürgen, so ausgetrocknet war unser Hals und Rachen. Selbst der Speichel hatte sich aus der Mundhöhle verloren.

Die weitere Reise dauerte schier unendlich lange, und wir glaubten nicht mehr, daß sie jemals enden würde. Und doch, an einem späten Winterabend – es war schon Februar geworden – stand der Zug plötzlich auf einem kleinen Bahnhof irgendwo in den Bergen still. Eine einfache Tafel klärte uns auf, daß wir in Mauthausen wären.

Wir wußten nicht, in welchem Teil Europas wir uns befanden. Es wurde behauptet, wir wären im ehemaligen Österreich. Weit genug waren wir gefahren.

Wir begriffen ganz und gar nicht, warum uns die Deutschen ständig hin und her jagten, mal zu Fuß, mal mit dem Zug – und so weite Entfernungen. Wir sahen nur, daß wir täglich weniger wurden. In Mauthausen krochen wir so schnell wie möglich – bei den Deutschen konnte nichts schnell genug ablaufen – aus dem Waggon. Unsere Beine waren völlig verkrampft und steif von der langen Fahrt. Sie hielten einfach die Strapazen kaum mehr aus.

Einige hatten im Waggon ihre Schuhe beim Kampf um einen Platz verloren und mußten jetzt barfuß durch nassen Schnee und Schlamm stapfen. Auf der Kuppe des Hügels begannen sich die Umrisse mächtiger Wälle abzuzeichnen, die die Festung Mauthausen umgaben. Die weißen Steinquader leuchteten unheilverkündend in die Finsternis. Mit den letzten Kräften erreichten wir hoch oben unser neues Ziel.

Wir waren weiterhin zu viert. Meine Schwester hatte ich während der langen Fahrt immer eng bei mir gehalten. Nana und Anita fanden ihre Plätze auf der anderen Seite des Waggons. Wir konnten einander wenigstens sehen. Zusammenzukommen war aber unmöglich.

Als wir das Tor der Festung durchschritten hatten, fielen uns als erstes peinliche Sauberkeit und Stille auf. Die Stille verhieß jedoch nichts Gutes, sie war gespenstisch, aus Schweigen geboren. Das ganze Lager schien sein furchtbares Geheimnis wahren und auf keinen Fall preisgeben zu wollen. Unsicherheit und Beklemmung waren nicht abzuwehren. Man hatte den Eindruck, in jedem Augenblick vom kalten Stahl einer Waffe bedroht zu werden.

Zunächst durchschritten wir einen langen, engen und finsteren Gang, dessen Wände riesige Granitblöcke bildeten. Plötzlich – ich ging wie immer in der letzten Reihe – faßte mich jemand am Kopf und drehte ihn gewaltsam gegen die steinerne Wand. Er sagte: »Schau nur gut hin. Jeder Quader – ein Kopf!« und lachte teuflisch.

Es war ein SS-Mann, der unsere Gruppe bewachte.

Was er wohl mit seinem Satz meinte, leuchtete niemandem ein. Wir wußten ja nichts von dem, was sich hier täglich abspielte. Erst ein paar Tage später sollten wir es auf einem Umweg erfahren.

Mauthausen war ein Männerlager, und wir waren der erste weibliche Transport, den man hierher dirigiert hatte. Neben einer großen Zahl von Juden waren hier viele politische Häftlinge verschiedenster Nationalität. Tief unterhalb der Festung befanden sich ausgedehnte Steinbrüche, in denen die Häftlinge arbeiteten. Von dem Granitmassiv wurden Steinblöcke abgesprengt, und die Häftlinge mußten die unsäglich schweren Felsbrocken auf Schultern und Rücken über etwa 180 Steinstufen auf einen Platz zur weiteren Bearbeitung hinauftragen. Zur Unterhaltung der Aufseher diente der unmenschliche Vorgang, daß ein Häftling mit seiner Last durch einen Fußtritt von der obersten Stufe in die Tiefe befördert wurde, so daß er seinen mühevollen Gang wiederholen mußte. Tausende Menschen sind dabei ums Leben gekommen. Jetzt verstand ich:»Jeder Quader – ein Kopf...!«

Wir wurden schnell in einen Duschraum geschickt. Neue Zweifel kamen auf: Wasser oder Gas? Wehren konnten wir uns sowieso nicht. Wir hofften auf Wasser, nicht nur des Überlebens wegen, sondern weil wir es jetzt am meisten brauchten... Wasser, Wasser, Wasser. Wir waren völlig ausgedörrt durch den ewigen Durst. Nichts ist schrecklicher und quälender. Und man kann dagegen nicht ankämpfen. In der Kälte kann man sich durch Bewegung teilweise helfen, und sogar den Hunger kann man überlisten. Nicht den Durst. Er bereitet unendliche Qualen, und Wasser bedeutet Leben.

Aus den Duschen prasselte heißes, rostiges Wasser. Wir rissen die Mäuler auf wie Fische auf dem Trockenen und scherten uns nicht ums Waschen. Wir tranken hastig, tranken, tranken... Wasser, Wasser, Wasser. Endlich. Das war die Rettung. Dann zogen wir wieder unsere zerrissenen, dreckigen Fetzen an und liefen über den Appellplatz in eine Ziegelbaracke, in der man uns einschloß.

Drinnen waren nur dreistöckige Holzpritschen, ganz eng aneinandergestellt. Es war nicht genug Platz für alle, aber das kümmerte niemanden. Wir mußten sehen, wie wir unterkamen. Vier Frauen auf einer Pritsche? Das konnte wohl nicht sein. Beim besten Willen nicht. Wer hat gesagt, daß das nicht geht? Wir sollten doch schon gelernt haben, daß in solchen Lagern alles Unmögliche zur Realität wird. Es erschienen zwei uniformierte Frauen mit Peitschen in den Händen.»Alle schnell verkriechen!

Schnell! Los!« schrien sie und begannen uns wütend zu schlagen.

So blieb nichts übrig, als sich in die Ecken zu kauern mit gekrümmten Rücken. Zu zwölfen auf einem Stockbett – wie Affen im Käfig. Lange war das nicht auszuhalten.

Wir mußten uns also einigen, was zu tun sei, schnell, aber vernünftig, praktisch. Ich machte den Vorschlag, daß jeweils bis Mitternacht zwei von uns sich ausstrecken und zu schlafen versuchen, und dann wird gewechselt. Vielleicht kann man so etwas Kraft sammeln. Alle waren einverstanden, und die anderen übernahmen sogar gleich unser Modell.

Arbeit gab es keine. Als Kost erhielten wir eine Wassersuppe und ein Stück graues, schimmeliges Brot. Wie immer fand zweimal am Tag ein Zählappell statt. Ansonsten mußten wir im verschlossenen Block ausharren und sahen nichts und niemanden.

Das dauerte ungefähr eine Woche, und dann erfuhren wir, daß wir wieder weiterziehen mußten. Wohin, wußte niemand zu sagen. Neue Ängste überfielen uns in Gedanken an die ausgestandenen Qualen der letzten Reise. Es ist noch Februar, und in unserer zerschlissenen Kleidung werden wir unterwegs erfrieren.

Der SS-Mann mit dem Revolver

In dieser Nacht passierte etwas Merkwürdiges. Das grelle Licht eines Scheinwerfers, der den ganzen Appellplatz erleuchtete, weckte mich. Wir waren im ersten Stock untergebracht. Ich kroch von meiner Pritsche und stellte mich ans Fenster, um sehen zu können, was da vor sich ging. Einen Augenblick herrschte absolute Ruhe. Niemand war zu sehen. Dann überqueren zwei Häftlinge den Appellplatz. Sie trugen ein breites Brett mit Griffen, auf dem Kleidung aller Art aufgehäuft war. Sie liefen nicht wie üblich, sondern gingen normal. Als sie etwa die Mitte des Platzes erreicht hatten, erschien aus einem der Gebäude ein SS-Mann mit Revolver, der sie augenscheinlich bewachte. Die Kleidertransporte mehrten sich, und bald merkte ich, daß nicht jeder von einem SS-Mann begleitet wurde. Eine Regel ließ sich kaum ablesen.

Ich hatte eine wahnsinnige Idee.

Manchmal, in höchster Verzweiflung, beginnen wir etwas, was jeder Norm Hohn spricht und zur Tat eines Verrückten wird. Mir kam in den Sinn, daß wir für unseren nächsten Ortswechsel besser, das heißt wärmer angezogen sein müssen. Und hier sind Kleidungsstücke in Hülle und Fülle – noch dazu in Reichweite vor unserem Fenster. Wenn es gelänge, aus dem Fenster zu springen, könnte man wohl einige Kleidungsstücke zusammenraffen. So etwas müßte mir gelingen, denn die Häftlinge gingen fast unter unserem Fenster langsam vorbei. Die Häftlinge würden mir gewiß nichts tun. Was aber der SS-Mann? Einmal war er da, dann mehrmals nicht. Das glich einem Russischen Roulette. Schnell faßte ich meinen Entschluß. Wenn ich Pech habe, werde ich erschossen. Wenn mein Plan gelingt und ich ein paar Stücke ergattere, hilft es uns beim nächsten Transport.

Drum schnell ans Werk! Ich öffnete das Fenster und sprang hinunter, just in dem Augenblick, als zwei Häftlinge unser Haus schon passiert hatten. Ich lief ihnen also auf dem von vier Seiten hell angestrahlten Platz nach, warf mich auf die Trage, riß an mich, was ich konnte, und war emsig bemüht, so schnell wie möglich wieder zu verschwinden. Die Häftlinge erschraken und blieben einen Augenblick stehen. Der SS-Mann war zum Glück nicht in Sicht.

Die mitgenommenen Sachen warf ich zunächst durchs Fenster in die Baracke, dann kletterte ich, so gut es ging, an der Wand hoch und sprang in den Block. Ich vergaß nicht, das Fenster von innen wieder zu verschließen.

Welche unbekannte Kraft mir die Energie zu meiner Tat gab, weiß ich nicht zu sagen. Normalerweise wäre ich dessen nicht fähig gewesen. Aber wenn es um die Erhaltung des Lebens geht, bringen wir auch Wunder zustande.

Ich fand noch die Kraft, zum Fenster zurückzugehen und hinauszuschauen. Ich erspähte gerade einen weiteren Kleidertransport, diesmal aber mit Begleitung eines SS-Manns, dessen rechte Hand mit einem Revolver spielte.

Nanas Tod und die Fahrt durchs Protektorat

Zwei Tage nach meinem Abenteuer wurde uns mitgeteilt, daß wir wieder weitergeschickt werden. Alle auf den Appellplatz zum Zählen!

Wir standen wie immer in Fünferreihen. Nach Martas Tod kam Blanka Krausová zu uns, die in Kurzbach den Keller mit den Kartoffeln entdeckt hatte.

Nana Krásová stand jetzt in der Mitte. Es war ein schöner, sonniger, wenn auch frostiger Wintertag. In längst vergangenen Zeiten wäre man an einem solchen Tag mit Vergnügen durch den Schnee gestapft und hätte hier in den österreichischen Bergen die Natur genossen.

Da passierte etwas völlig Unerwartetes.

Die Zählung war gerade beendet worden, da verließ Nana wie von Sinnen unsere Reihe und begann einen Weg mit uns unbekanntem Ziel. Irgendwohin. Weg von hier. Als ob sie sagen wollte:»Das halte ich nicht mehr aus. Ich mache Schluß und verschwinde. Woandershin. Macht's gut!«

Vor Schreck erstarrten wir. Und auch die weiblichen Wachen von der SS hatte so etwas noch nie erlebt. Auch sie rührten sich nicht. Das war nun doch ein zu starkes Stück. Die angetretene Formation zu verlassen war einfach undenkbar.

Nana ging wie mondsüchtig zum nahen Drahtzaun, der uns von einem anderen Teil des Lagers trennte. Der Draht war nicht elektrisch geladen wie anderswo.

Sie lehnte sich an die Wand, drehte das Gesicht zur Sonne, lachte unbändig – wahrscheinlich sah sie im Geiste ihren Mann auf jenem weißen Pferd, das sie in Kurzbach im Traum gesehen hatte und welches sie in ein Reich allgemeinen Wohlbefindens und Überflusses bringen sollte. Dann brach sie zusammen und war tot.

Wir waren wie versteinert. Die SS-Frauen schritten schnell zur Tat. Sie sprangen zum Drahtzaun und zogen Nana an den Füßen vom Appellplatz weg.

Kurz darauf marschierten wir aus der Festung den Berg hinunter zum kleinen Bahnhof, wo bereits ein Zug vorbereitet war. Diesmal nicht mit Vieh- oder Kohlewagen, sondern mit schönen Waggons der 1. und 2. Klasse. Die Fenster waren sauber und konnten geöffnet werden.

Wir dachten natürlich, daß so ein Zug nicht für uns bestimmt sein konnte, sondern für die Lagerleitung, aber wir irrten uns. Es war unser Zug. Wirklich nur für uns.

Wir mutmaßten sogar, daß es sich um einen Irrtum handelte und ein böses Ende nicht ausbleiben könnte. Aber es war kein Irrtum, der Zug war für uns bestimmt. Er bot auch genug Platz, denn unsere Gemeinschaft verkleinerte sich ständig. Das Reiseziel erfuhren wir selbstredend nicht.

Bei der Abfahrt waren wir schon bereit zu glauben, daß diesmal wirklich bessere Lebensbedingungen auf uns warteten. Die menschliche Natur ist unverbesserlich.

Wir fuhren einige Zeit durch eine unbekannte Gegend, ja sogar die Fahrtrichtung konnten wir nicht ermitteln. Doch bald sagten uns Tafeln von Bahnhöfen, an denen wir nicht hielten, daß wir auf dem Gebiet des Protektorats Böhmen und Mähren angekommen waren.

»Daheim«, frohlockten wir und begannen die tschechische Nationalhymne zu singen. Dann öffneten wir die Fenster, und sobald sich draußen jemand in Rufweite befand, riefen wir, daß wir Tschechinnen sind. Aber niemand nahm davon Kenntnis, niemand winkte uns zu.

Wahrscheinlich sahen wir allzu gespenstisch, unmenschlich aus. Wer weiß, was sich die Leute dachten?

Trotzdem erfüllte uns das angenehme Gefühl, wieder zu Hause zu sein. Unsere Stimmung verbesserte sich schlagartig. Die Ortsnamen verrieten, daß wir in nordwestlicher Richtung fuhren. Wachen waren nicht zu sehen, vielleicht gab es gar keine. In guter Laune sangen wir tschechische Volkslieder und kamen uns bald wie auf einem Schulausflug vor. Plötzlich werde ich mit der vertrauten Umgebung meines Geburtsortes konfrontiert. Ich erkenne jeden Hügel, jedes Waldstück, das ich in meiner Jugend so oft durchstreifte. Ein schöner Beitrag zum Mosaik unserer neuen Illusionen.

Und jetzt bleibt der Zug ausgerechnet auf dem Bahnhof unseres früheren Wohnorts für einige Minuten stehen, und ich kann feststellen, daß alles noch so aussieht wie früher.

Ich schickte mich an, meiner Schwester zu sagen: »Lída, wir könnten jetzt aussteigen und heimgehen. Über die Geleise, dann rechts, und nach nur wenigen Minuten sind wir da. Dort stehen doch unsere Betten, und wir könnten wieder ein Zuhause finden. Ausziehen, baden mit Seife und Schwamm, Zähne putzen mit einer Zahnbürste, die wir Jahre nicht mehr kannten. Dann ziehen wir gebügelte Wäsche, reine Kleider, Strümpfe und Schuhe an – und warten, bis auch die anderen Familienmitglieder zurückkommen. Vater, Mutter, Jirka, mein Arno und dein Petr.«

Für einen Augenblick schien mir das eine vernünftige und einfache Lösung zu sein.

Warum bin ich eigentlich hier? Was habe ich in diesem Zug verloren. Das alles ist doch völlig absurd. Aber mein Märchen von der Heimkehr verflüchtigte sich so schnell wie der Dampf von kochendem Wasser. Der Zug setzte sich wieder in Bewegung.

Wir fuhren weiter nach Pilsen, wo der Zug ebenfalls auf einem Nebengleis unweit der Škodawerke zum Stillstand kam.

Die Arbeiter merkten schnell, worum es ging, und eilten zum Drahtzaun. Wir riefen ihnen zu, daß wir Tschechinnen sind, und baten um Brot. Als erstes Geschenk flogen zwei lange Laibe Brot über den Zaun.

Laut wurden wir ermuntert, zu fliehen. »Fürchtet euch nicht! Wir verstecken euch!«

Als ich die Brote auf der Erde nahe dem Zug liegen sah, sprang ich heraus, um sie zu holen, und scherte mich den Teufel darum, daß mich einer der Wachmänner ohne Warnung erschießen könnte. Nichts passierte, und mir gelang es, die Brote aufzuheben und ungeschoren wieder meinen Platz im Zug zu erreichen.

So ein Brot hatten wir fürwahr schon sehr lange nicht gesehen. Schön, gut riechend, hellbraun gebacken und mit Mehl bestreut. Wir brüllten unseren Dank aus den Fenstern, die Arbeiter winkten heftig und wünschten eine gute Weiterreise.

Mit dem Brot, das wir gerecht verteilten, bereiteten wir uns gleichsam ein Festmahl, das wir richtig genossen. Andächtig nahmen wir jeden Bissen zu uns.

So merkten wir gar nicht, daß wir das Protektorat schon verlassen hatten und uns wieder auf deutschem Boden befanden. Es sah dort trübe und ungemütlich aus. Die gute Laune, der Optimismus verwehten und verließen uns schließlich ganz. Um nicht völlig dem Trübsinn zu verfallen, begannen wir uns auszudenken, was jede als erstes nach ihrer Heimkehr tun würde.

Anita, deren Mann Pavel Musiker und als Oboist im Auschwitzer Lager beschäftigt gewesen war, als wir von dort wegfuhren (so daß sie nicht wissen konnte, wie es ihm ging), meinte: »Ich werde schön brav zu Hause warten, und wenn Pavel in der Tür erscheint, falle ich ihm um den Hals, umarme ihn gründlich, und dann gehen wir sofort in eine Konditorei, wo ich der Reihe nach von allem kosten werde, was auf der Theke angeboten wird.«

Blanka Krausová hatte hingegen eine ganz andere Vorstellung von diesem Augenblick: »Wenn ich wieder daheim bin, gehe ich sofort zum Metzger gegenüber und besorge mir eine ganze Menge Würstel, die ich nach Hause mitnehmen und der ganzen Familie mit Senf und Semmeln servieren werde. Jeder kann essen, soviel er will und kann. Das wird ein Feiertag!«

Lída war jetzt schon im fünften Monat ihrer Schwangerschaft und erwartete sehnlicher als alle anderen das Ende des Kriegs. Sie war mager wie wir alle, trotzdem verriet ihr Körper ihren Zustand. Aber weil die Kleidungsstücke, die wir trugen, ja nicht maßgeschneidert waren, sondern nur lose um uns flatterten, merkte niemand etwas. Und so wußte oder ahnte auch kein Mensch den wahren Sachverhalt.

Schon waren wir wieder vier Tage unterwegs. Der Zug fuhr langsam und hielt oft. In der Nacht konnte wir ein wenig in den Gepäcknetzen über den Sitzen schlafen. Das ging ganz gut, und wie üblich wechselten wir uns ab. Allerdings waren viele Nächte jetzt durch Luftangriffe, die der Gegend um Dresden und der Stadt selbst galten, gezeichnet. In kurzen Abständen schwirrten

Phosphorbomben durch die Luft: »Iiiiiiiiiiiiiiiiizh! Bummmmm!«
und erleuchteten die Gegend. Es wurden immer mehr.

Manchmal blieb der Zug bei einem Luftangriff stehen, und die
Aufseher suchten Deckung, um zu überleben. Uns ließ man allein
im Zug zurück, und wir empfanden keine Angst. Jede Bombe begrüßten wir mit Applaus. Trotzdem wurde die Reise nicht ange-
nehmer – zu essen und trinken gab es sowieso wieder nichts.

Belsen

Endlich am fünften Tag, gegen Mittag, kam der Zug zum endgültigen Stillstand, denn die Geleise endeten dort, wo wir angekommen waren. Also mußten wir aussteigen. Wir waren von den
Strapazen dieser Reise gekennzeichnet – noch mehr abgemagert,
natürlich ungewaschen, hohle Wangen, müde Augen und vollkommen apathisch. Wir erwarteten nichts mehr vom Leben.

Es war immer noch Winter, Ende Februar. Die Sonne schien,
aber wärmte kaum. Rundum eine weite Ebene, mit Birken be-
wachsen. Sie standen aufrecht wie Soldaten und gaben diesem
Stück Erde den Anschein von Ruhe, Stille und Frieden. Den Boden bedeckte leichter Schnee, der bei mir immer Gefühle kindli-
cher Freude hervorruft. Auf einer Tafel bei den Geleisen stand
BELSEN mit einem Pfeil, der nach links wies.

Also gingen wir in diese Richtung zu unserem neuen Aufenthaltsort in einem weiteren Lager. Kein Stacheldraht weit und
breit, auch sonst nichts, das Angst und Schrecken verbreitete.

Ich atmete die frische Winterluft tief ein und sagte mir: »Hier
ist es schön. In solch einer ruhigen Umgebung kann uns wohl
nichts Böses passieren.« Und ahnte nicht, daß Belsen das überhaupt schlimmste aller Lager sein würde, die wir kennengelernt
hatten. Diese waren die Vorhöfe der Hölle gewesen, Belsen war
die Hölle selbst.

Nach einer nicht allzu langen Zeit trafen wir dort ein. Wir sahen niedrige hölzerne Blockhäuser ohne Fenster zwischen den
Bäumen.

Auf den ersten Blick hätte man auch an ein Ferienlager denken
können, als wir immer weiter in den Komplex eindrangen, bis wir

fast an dessen Ende zu je 250 Personen in den Blöcken einge-
schlossen wurden.

Drinnen standen wieder die wohlbekannten dreistöckigen
Pritschen, zur Abwechslung mit noch weniger Zwischenraum in
die Höhe gebaut. Auf jeder Ebene mußten vier Frauen Platz
finden. Das Lager war zu jener Zeit hoffnungslos überfüllt mit
Tausenden und Abertausenden von Häftlingen zahlreicher eva-
kuierter Lager aus dem Osten. Die einen kamen wie wir per
Bahn, die anderen zu Fuß. Wer nicht durchhielt, blieb auf der
Strecke.

Nach unserer Ankunft begann sofort der Kampf um eine Wassersuppe und ein Stück Brot. Jeder mußte selbst zusehen, wie er
an sein Essen kam. Von Ordnung und Disziplin konnte keine
Rede sein, es war überflüssig, etwas auch nur entfernt Ähnliches
mit Aufforderungen oder Befehlen – selbst in ungarischer oder
polnischer Sprache – erreichen zu wollen. Man hörte wohl, daß
genug Suppe vorhanden war und daß jeder drankommen würde
und daß es daher galt, sich vernünftig zu verhalten und keine Gewalt anzuwenden.

Aber die wilde Horde ausgehungerter Menschen nahm die
vorbereiteten Gefäße einfach im Sturm, und mancher Topf büßte
so bis zur Hälfte seines Inhalts ein. Im Nu war alles Eßbare verschwunden, und nur die kamen zum Zug, die es verstanden hatten, sich rücksichtslos durchzusetzen. Wer milderer Natur war
oder mehr Anstand walten ließ, hatte das Nachsehen – und blieb
hungrig.

Wir wünschten uns inständig die Anwesenheit deutscher Aufseherinnen, die allein imstande gewesen wären, Ordnung zu
schaffen. Traurig!

Am nächsten Tag wurden wir auf den sogenannten Arbeits-
block verlegt. Ein Unterschied war nicht zu merken. Wieder
mußten die Untersten in den menschlichen Wolkenkratzern fast
auf dem Fußboden schlafen und konnten sich ebensowenig setzen wie die über ihnen, und denjenigen in der obersten Etage
ging es nicht besser, denn die stießen sofort an die Decke. Wieder mußten wir in den unmöglichsten Verrenkungen zu schlafen

versuchen oder erneut unser Mauthausener Modell der Abwechslung anwenden.

Das Tagesprogramm brachte uns nichts Neues. Um fünf Uhr früh im Galopp zum Appellplatz. Stehen ... warten ... zählen ... stehen ... warten ... stehen ... warten. Bei jedem Wetter und ohne Rücksicht auf die körperliche Verfassung.

Dann ging es an die Arbeit, die es hier nicht gab. Aber wir wurden von den Aufseherinnen in die Felder geführt, standen dort den ganzen Tag herum und kehrten abends ins Lager zurück. Wie aufreibend diese Nichtarbeit war, kann man sich ohne direkte Erfahrung nicht vorstellen. Für unsere »Arbeit« sollten wir mehr Suppe bekommen, aber das blieb ein leeres Versprechen. Nicht anders war es mit dem Brot. Wir litten richtig unter dem Hunger, und ich machte mir begreiflicherweise besondere Sorgen um Lída. Wie soll das weitergehen, wie kann das enden? Was, wenn der Krieg nicht rechtzeitig zu Ende ist und sie hier ihr Kind bekommt?

Einmal entdeckten wir bei einem Gang zur »Arbeit« ein Faß mit Abfällen, insbesondere mit übelriechenden Knochen, an denen manches Stückchen grünliches, schimmeliges Fleisch oder ranziges Fett hing. Wir zogen sie aus dem Faß und begannen sie wie wilde Hunde abzunagen. Kein Gedanke an die Möglichkeit einer Vergiftung. Uns schien, als erlebten wir einen Feiertag. Wir machten ganze Arbeit, die Knochen waren sauber, und uns hatte es sehr gut geschmeckt. Noch oft haben wir an unseren großartigen Fund gedacht, der sich leider nicht wiederholte.

Ein anderes Mal sah ich auf dem Weg im Schlamm etwas leuchten. Ich hob das Ding auf und reinigte es ein wenig. Es war ein Messer aus einem Silberbesteck mit eingraviertem Hakenkreuz. Wahrscheinlich war es aus dem Offizierskasino der örtlichen SS entwendet worden – die Lagerleitung pflegte nur von feinstem Silber zu speisen.

Ich erkannte sofort, daß mein Fund noch von Nutzen sein könne, und versteckte ihn deshalb in dem violetten Strumpf, denn dieser war länger als der andere, der grüne.

Und wie sich das Messer bewährte! Auf den Feldern konnte man mit ihm allerhand Wurzeln ausgraben, und ich fand sogar eine rohe Kartoffel. Auch aus dem Abfall der SS-Küchen ließ sich so manches nach Bearbeitung mit dem Messer noch essen. Ich paßte auf meinen Fund immer gut auf, ebenso wie auf Arnos Ring, der an seiner Schnur an meinem Körper hing und mir immer wieder die Hoffnung auf ein Wiedersehen gab.

Einmal mußten wir uns bei der Rückkehr ins Lager einer Leibesvisitation unterziehen. Sie wurde von der Lagerleiterin Irma Grese, der grausamsten aller Aufseherinnen, durchgeführt. Sie fand natürlich sofort das Messer, zog es aus dem Strumpf und begann zu brüllen:

»Du jüdische Diebin! Du Sau! Du elendes Schwein!« und führte sich auf wie eine Wahnsinnige.

Mit dem Griff des Messers schlug sie mir auf den Kopf, als ob sie meinen Schädel zertrümmern wollte. Dann versetzte sie mir noch ein paar Fußtritte und warf das Messer wütend weg. Inzwischen war schon die nächste Reihe dran. Ich setzte mir in den Kopf, daß ich das Messer wiederhaben müsse. Also versuchte ich, mich in Gegenrichtung durch die weitergehenden Frauen zu schlängeln, um an das Messer heranzukommen. Da faßte Blanka mich am Arm und sagte leise, aber bestimmt: »Du bist wohl verrückt. Wenn dich die Grese mit dem Messer sieht, läßt sie dich gleich erschießen. Um Gottes willen, hör auf! Vergiß das blöde Messer. Es steht doch nicht dafür, ein Leben zu opfern.«

Wahrscheinlich hat sie recht gehabt. Aber ich habe mich nicht beeinflussen lassen. Ich machte noch ein paar Schritte rückwärts, fand das Messer und nahm es wieder an mich. Die Grese hat nichts bemerkt, und ich hatte »mein« Messer wieder.

Entschlossenheit, Mut, Glück – sie gehören zum Leben.

Die Zeit verging, und es war schon März. Der Schnee taute und vermischte sich mit der lehmigen Erde zu einer schmierigen Masse. Veränderungen, die uns betroffen hätten, gab es nicht. Wir wußten nichts vom Verlauf des Krieges. Die Umwelt hörte für uns auf zu existieren. Fast konnten wir uns nicht mehr vorstellen, daß anderswo Leute unter ganz anderen Bedingungen lebten.

Obwohl es kaum glaublich klingen mag: Wir magerten weiter ab. Der fast völlige Mangel an Nahrungsmitteln war immer deutlicher zu sehen. Die Gewichtsabnahme bedrohte die Gesundheit jedes einzelnen und schwächte ihn. Bei manchen war es keine Übertreibung mehr, zu sagen, sie seien nur Haut und Knochen. Noch schlimmer war, daß wir verlaust waren. Seife und persönliche Hygiene gab es nicht, und in den überfüllten Unterkünften vermehrten sich die Läuse schnell. Am meisten machten uns die Läuse in den Haaren, die schon wieder etwas nachgewachsen waren, zu schaffen, aber auch die Kleiderläuse waren äußerst unangenehm. Kein Kratzen konnte den Juckreiz beheben, und viele hatten Hautgeschwüre, die nicht heilen wollten. Wir kamen uns oft genug wie Aussätzige vor, die Ekel erregen wie räudige Hunde.

Aber Wasser zum Waschen gab es nicht. Eine Besserung unseres Zustands war unmöglich. Im Gegenteil: es kam zur Katastrophe.

Typhusepidemie

Mehr und mehr verbreiteten sich Nachrichten, daß Deutschland und seine Armeen an allen Fronten nahe am Zusammenbruch seien, somit das Ende des Kriegs und unsere Befreiung in Wochen, ja Tagen erwartet werden könne. Es galt also, alle Kräfte zu mobilisieren, um den Anfechtungen von Hunger, Kälte, Durst, Unterernährung, Übermüdung und Läusen zu widerstehen, noch eine gewisse Zeit auszuhalten – und dann werde sich alles zum Guten wenden. Nur ...

Bevor es zu unserer Befreiung kam, breitete sich im Lager eine Typhusepidemie aus, und das mit der Geschwindigkeit eines Feuers im australischen Busch. Tausende und Abertausende Menschen fielen ihr zum Opfer. Gegen diese Krankheit konnte man mit nichts ankämpfen. Es war ein vergebliches Ringen mit einer Seuche, die durch unsere angeschlagene Gesundheit noch leichteres Spiel hatte. Gegen diesen Feind half nur der äußerste Wille zu überleben.

Für die Verbreitung der Epidemie waren die Bedingungen geradezu ideal. Im Schmutz des Lagers gediehen die Bazillen ausgezeichnet. Hunger und Durst halfen ihnen, noch mehr aber die Läuse als eigentliche Verbreiter der Infektion. Alle erkrankten. Hohes Fieber befiel uns, im Kopf summte es, und das Gehör litt bis zum Ausfall. Der Durst wurde geradezu unerträglich – und Durchfälle besorgten den Rest.

Vom Gang zur Arbeit wurden wir aber nicht verschont, krankgeschrieben wurde niemand. Das Herumstehen war kaum auszuhalten, und es wurde mehr und mehr unmöglich, den Körper zu beherrschen. Mehrere Ohnmächtige bei den Zählappellen wurden zur Regel.

Sozusagen in letzter Minute fiel uns die Krankheit als unberechenbarer, böser Feind an und bedrohte ernsthaft unser Leben.

Es gab keine Ecke im Lager, die nicht vom Typhus befallen worden wäre. Kein Block wurde verschont. Es gab keine Möglichkeit zur Flucht. Die Zahl der Toten stieg ständig an. Erschwerend wirkte sich noch aus, daß infolge großer Beschädigungen aller Kommunikationswege das Lager von der Umwelt völlig abgeschnitten war. Es gab kein Brot mehr, bisher eigentlich unser einziges Nahrungsmittel. Uns blieb nur noch Wasser und Luft. Was sich die Deutschen nicht entgehen ließen – sie sperrten jegliche Wasserzufuhr. Typhus zu haben, aber kein Wasser! Das war das wirkliche Ende.

In unserer Verzweiflung hielten wir uns an einen Behälter, in den nach dem Waschen der Wäsche Wasser floß. Es war natürlich gründlich verschmutzt, es war eigentlich widerlich, trotzdem provozierte es unmenschliche Kämpfe beim Versuch, sich wenigstens einer kleinen Menge zu bemächtigen. Immer wieder war auch dieser Behälter leer. Viele Liter flossen durch die Kehlen und Därme der Kranken, die der Gestank des Wassers längst nicht mehr störte. Wir wußten genau, was auf uns wartete, und doch wählten wir diese unsinnige Weise, gegen den Durst anzukämpfen.

Seine Qualen und der sichere Tod – es gab keinen Ausweg.

Kein Wunder, daß die Situation schnell kritisch wurde. Manche Frauen konnten bald nicht mehr aufstehen und die Latrine aufsuchen. So ergossen sich ihre Exkremente vor allem auf die, die tiefer lagen. Um das, was in den Blöcken vorging, kümmerte sich niemand. An Reinigung war nicht zu denken. Die deutschen Aufseherinnen blieben unsichtbar und überließen uns einfach unserem Schicksal.

Schließlich wurden wir in einen Block verlegt, den man nur als letzte Station vor dem endgültigen Ende bezeichnen konnte. Von dort mußten wir nicht mehr zur sogenannten Arbeit. Dreihundert Frauen lagen dichtgedrängt auf nackter Erde. Bei dem Transport wurde mir Lída trotz aller Vorsicht entrissen und in einen anderen Block eingewiesen. Meine Bitten, uns nicht zu trennen, waren vergebens. Gleich am nächsten Tag machte ich mich auf, um sie zu suchen. Ich fand sie bald. Sie saß an die Wand gelehnt neben einem jungen Mädchen, mit dem sie schnell Freundschaft geschlossen hatte. Mir kam vor, als ob ich Lída zum ersten Mal sähe. Ausgehungert, blaß, mit einem Siebenmonatsbauch, mit tiefliegenden Augen und von Durst ausgetrockneten Lippen. Ich konnte ihr nicht helfen und nur versprechen, am nächsten Tag wiederzukommen.

Unseren Block durften wir nicht verlassen. Es war streng verboten. Trotzdem wollte und konnte ich Lída nicht ihrem Schicksal überlassen und schlich mich auch am nächsten Tag in ihren Block. Mein Blick fiel natürlich sofort auf den Platz, an dem sie am Tag zuvor gesessen hatte. Der Platz war leer. Lída war nicht dort. Ihre neue Kameradin teilte mir mit, was sich abgespielt hatte: »Lída mußte nachts auf die Latrine, und dabei kam es zur Fehlgeburt. Etwas fiel aus ihr heraus und versank. Sie hat nicht einmal gewußt, ob es ein Junge oder ein Mädchen war. Man hat sie in den Krankenblock gebracht.«

Ich versuchte dorthin zu gelangen, irrte zwischen den Baracken herum, bis ich endlich die Krankenstation fand. Es war schon Abend. Niemand kreuzte meinen Weg. Ich hatte Glück, Lída schnell zu finden. Sie lag da auf einem Brett, mehr tot als lebendig. Als sie mich erblickte, blitzte in ihren Augen ein letzter Rest Leben auf. Dann nahm sie meine Hand und wollte sie nicht loslassen, bat mich auch, sie nicht aufzugeben und bei ihr zu bleiben. Das war leider völlig unmöglich. Ich mußte in meinen Block zurückkehren. Am nächsten Tag kam ich wieder, so bald es nur ging. Lída war nicht mehr da. Das Brett, auf dem sie gelegen hatte, war leer. Sie war erst siebzehn Jahre alt gewesen.

Zum Tode verurteilt

Schon hatte der April begonnen, und jeder erwartete eine Rettung, die aber von keiner Seite kam. Bei der sich ständig verschlechternden Situation bedeutete das nur noch Warten auf den sicheren Tod.

Auch Blanka, die noch immer Stärkste unserer Gruppe, unterlag ihm nachts. Sie gab den Kampf auf, wollte nicht mehr leben, weil sie einfach nicht mehr konnte. Wer den Kampf ums Überleben aufgab, starb innerhalb weniger Stunden. Der Tod war barmherzig, griff unverzüglich zu und befreite die Leidenden von ihren Qualen.

Anita starb nur fünf Tage später. Sie wollte es nicht, wehrte sich und hoffte bis zum letzten Atemzug, daß es ihr gelingen würde, zu überleben und wieder mit ihrem Pavel vereint zu sein und mit ihm in die Konditorei zu gehen. Aber ihr Organismus konnte der Entkräftung und Dehydrierung nicht länger widerstehen. Sie durchlitt ein langes Delirium, und ihre Lippen waren vor dem Tod richtig blau. Schließlich zogen zwei Frauen, die neben ihr lagen, sie an den Armen heraus und warfen ihren Leichnam auf den hohen Stapel von Leichen vor unserem Block.

Von unserer Gruppe war also ich allein übriggeblieben. Zum ersten Mal fiel mir ein, daß auch ich sterben könnte wie die anderen. Bisher hatte ich mich mit diesem Gedanken niemals beschäftigt. Auch ich war zum Skelett abgemagert, und meine Haut erinnerte an zusammengeknülltes Papier. Vom Gesicht waren eigentlich nur noch die Augen und Zähne da. Alle Muskeln waren längst verschwunden, und infolge der Durchfälle hingen die Gedärme hinaus wie bei einem kranken Tier. Ich lag nur noch bewegungslos auf der Erde, wo sich Staub und Schmutz mit menschlichen Exkrementen mischten. Jetzt blieben auch die vielen Dutzende Tote, die jeder neue Tag als Opfer forderte, einfach im Raum liegen und vermehrten durch die Verwesung die äußerst kritische Situation.

Schließlich konnte man Lebende und Tote kaum mehr unterscheiden, denn sie ähnelten einander nur allzusehr.

Die Toten wurden nicht begraben. Zwischen den Birken, die uns bei unserer Ankunft so gut gefielen, häuften sich Berge menschlicher Knochen als unbrauchbarer Abfall. Manche Leichen blieben einfach mitten auf einem Weg liegen, wo sie der Tod ereilt hatte.

Das Lager verwandelte sich allmählich in ein Leichenhaus.

Es war klar, daß sich niemand mehr um uns kümmern wollte, alle Hoffnung schwand – der Tod machte Überstunden und verschonte niemanden. Seine Beute wuchs mit jeder Stunde, ja Minute. Es gab keine Hilfe.

Der Tod ist in seiner Stille eigentlich ganz einfach. Wozu aufwendige Begräbnisse mit Kränzen und Blumen? Wozu Musik und Grabsteine? Hier gab es so etwas nicht, nicht einmal den Gedanken daran. Sogar nicht an Erdlöcher, wo sich die zerfallenden Knochen mit dem sie aufnehmenden Boden hätten vermischen können.

Konnte noch irgendeine Macht von außen verhindern, daß alle Lagerinsassen starben?

Wer noch atmete, hörte nicht auf, an ein Wunder zu glauben, und in der Seele flackerte der letzte Funke Hoffnung.

Die Engländer

Endlich, eines Morgens, ich glaube, es war der 15. April 1945 – ich lag fast in Agonie zwischen Toten und Lebenden –, verbreitete sich immer heftiger der Ruf: »Sie sind schon da! Sie sind schon da!«

»Wer?«

»Natürlich die Engländer!«

»Aaaah«, lautete meine fast teilnahmslose Antwort.

Der so oft herbeigesehnte Augenblick, auf den wir den schier endlos langen Krieg gewartet hatten, der immer in der Ferne der rettende Leuchtturm war, von dem wir immer wieder redeten und ihn uns in den verschiedensten Variationen ausmalten – dieser Augenblick, auf den wirklich die ganze Welt wartete – diesen Augenblick empfingen wir kühl und als ob er für uns nichts bedeutete.

Wir hatten die Fähigkeit, die Welt um uns wahrzunehmen, einfach verloren. Das Leben war aus unseren Körpern verschwunden. Uns blieben weder Trauer und Tränen noch andere Gefühlsregungen – wir hatten nur den allerletzten Rest an Energie, um zu atmen. Nicht mehr.

Nach der Ankunft der britischen Armee konnten wir in unserem letzten Block keinerlei Änderung feststellen. Jede von uns brauchte unverzüglich Hilfe. Sofort. Und das war nicht möglich. Ich weiß nicht, welchen Eindruck Belsen auf die unvorbereiteten Briten machte, die nicht ahnten, was hier vorgegangen war. Sie mußten natürlich zunächst ein System ausarbeiten, nach welchem sie vorgehen konnten. Es galt, etwa zwanzigtausend Leichen fortzuschaffen. Also durchquerten schwere Bulldozer das Lager, die die Leichen in schnell ausgehobene Massengräber beförderten. Die ehemaligen Lageraufseher, jetzt englische Kriegsgefangene, wurden zum Aufladen der Leichen auf offene Lastwagen gezwungen. Die Hände und Füße der Toten hingen seitlich herunter, und um das Herabfallen der Leichen zu verhindern, setzte man sich einfach auf diese.

Die Befreier des Lagers hatten sicher Proviant mitgebracht, aber uns erreichte nichts: Wahrscheinlich hatten die Insassen der dem Lagereingang näheren Blöcke die Vorräte aufgebraucht. Auch verbreitete sich das Gerücht, daß man kranke Häftlinge in die nahe Stadt Bergen gebracht hatte, wo Kasernen zu Krankenhäusern gemacht wurden. Ein Block nach dem anderen kam dran, wir waren leider sehr weit hinten. Ich verlor alle Hoffnung.

So verflossen einige Tage, und uns blieb weiterhin nichts übrig, als im Delirium auf dem Boden zu liegen. Die Zeit nahmen wir nicht nach Tagen, sondern nach Stunden wahr. Der Wassermangel führte bei mir zu Wahnvorstellungen. Ich rief nach Wasser, Wasser, Wasser ....

Bilder aus meinem vergangenen Leben mit längst vergessenen

Episoden wurden wieder wach … ich gehe dem Vater Bier holen im Gasthaus gegenüber … ich sitze auf den Stufen und nippe am weißen Schaum im Glas … in einem Gartenrestaurant bestellt Mama eine rote Limonade mit einem Strohhalm im Glas … es werden auch Limonaden in Flaschen an einem Stand verkauft, und ich öffne den Verschluß im Gras sitzend und trinke wieder … ich helfe bei Erntearbeiten, und eine Bäuerin bringt uns einen großen Krug mit frischer, kalter Sauermilch, und ich trinke und trinke und trinke …

Ich fühlte mein Ende nahen. Alles hat seine Grenzen. Auch der stärkste Wille.

Ein letzter Versuch

An diesem Abend geschah etwas Besonderes.

In der Wand des Blockes, die ich von meinem Lager aus sehen konnte, war eine lange, schmale Luke, durch die man einen Streifen elektrisches Licht wahrnehmen konnte. Gebannt starrte ich auf ihn, denn er fesselte meine ganze Aufmerksamkeit.

Plötzlich verwandelte sich das Licht in eine menschliche Stimme, die mich ansprach. Woher, das wußte ich nicht, aber ich hörte ganz klar die Worte: »Weiter kannst du nicht. Das ist dein Ende.«

Ganz unmittelbar meldete sich in mir eine andere, unbekannte und geheimnisvolle Stimme – vielleicht der letzte Überrest meines Rettungskoffers, die antwortete: »Nein. Nein. Noch nicht.«

Ich fühlte plötzlich in mir neue, übermenschliche Kräfte, die mich auf die Beine stellten und befahlen: »Hinaus! Weg von hier! Schnell! Es ist deine letzte Chance.«

Woher kam dieser plötzliche Energiezuwachs? Diese riesige Kraft, von deren Existenz und Herkunft wir nichts wissen? Mit der wir auch das Unmöglichste bewirken können? Ist das der Sieg des Geistes über die Materie? Steht sie jedermann im Augenblick höchster Gefahr zur Verfügung oder nur einigen von uns?

Ist das der Heilige Geist, von dem der Glaube redet?

Oder gar Gott selbst?

Ich wußte keine Antwort und weiß auch heute noch nicht, wie

ich mich zusammenriß, über die Körper neben mir (tote und lebende) kroch und aus dem Block ins Freie gelangte.

Ich kroch dann recht und schlecht weiter auf den Knien durch nassen, gelben Schlamm ohne ein anderes Ziel, als von dort wegzukommen, so weit als möglich, um dem Tod zu entgehen, der mich angeblickt hatte. Unterwegs trank ich schmutziges Wasser aus den Pfützen wie ein durstiger Hund.

Ich kroch immer weiter, und überall um mich her lagen Leichen. Plötzlich war ich am Ende meiner Kräfte, schnappte nach Luft und sah den Tod vor mir. Hatte ich also doch den Kampf mit ihm nicht gewonnen?

Ich wurde ohnmächtig. Ich weiß nicht, wie lange ich so lag, bevor ich langsam wieder zu mir kam. Ich war ein wenig verwundert. Hatte also doch jene innere Stimme recht, die sagte: »Nein. Nein. Noch nicht!«?

Obwohl wieder bei Sinnen, blieb ich noch liegen. Niemand beachtete mich. Eine mehr oder weniger. Wen interessierte das schon?

Es war Abend, und rundum herrschte Finsternis. Vor mir allerdings ein beleuchteter Block. Ich starrte auf das Licht und stellte fest, daß mich das Schicksal vor eine Station des Roten Kreuzes geführt hatte. Welcher Engel hatte das bewirkt?

Die Tür war halb offen, und ich sah einen langen Gang dahinter. Schnell entschlossen kroch ich hinein, setzte mich in eine Ecke neben aufgestapelten Tragbahren und bedauerte, daß ich nicht genug Kraft hatte, auf die oberste zu klettern und mich hinzulegen.

Irgendwie fühlte ich mich schnell in Sicherheit, auch vor dem Sensenmann, dem ich noch entrinnen durfte.

Bald nachher wurde die Tür geschlossen. Ich schlief ein und wurde durch das Geräusch eines Schlüssels geweckt. Jemand betrat den Gang und machte das Licht an.

Vor mir stand ein englischer Offizier in Uniform mit einem Barett auf dem Kopf. Meine Augen strahlten – das war kein deutscher Aufseher mehr mit einer Peitsche in der Hand, sondern ein echter Engländer.

Mein Retter! Mein Freund!

War er das wirklich? Vielleicht irrte ich mich.

Sobald er mich wahrnahm, sprach er mich mit strengem Tonfall auf englisch an: »Was machen Sie hier?«

Ich antwortete ihm auf englisch, als ob es meine Muttersprache gewesen wäre. »Nichts. Ich sitze einfach hier.« Was die reine Wahrheit war.

Er hatte wohl genaue Vorschriften und befahl militärisch:»Hier können Sie nicht bleiben. Sie müssen augenblicklich in Ihren Block zurückkehren und dort abwarten, bis Sie bei der Evakuierung drankommen. Bitte verlassen Sie diesen Raum, wir haben im Moment auf der Station viel Arbeit.«

Wahrscheinlich hatte er recht, er konnte allerdings nicht wissen, daß mein Leben am dünnsten aller Fäden hing und daß ich nicht mehr die nötige Kraft hatte, in den Block zurückzukehren.

Er stand über mir und wiederholte seinen Befehl: »Please leave.«

Ich war im Grunde immer folgsam gewesen und hatte mich stets bemüht, niemandem Schwierigkeiten zu bereiten. Aber jetzt ging es um etwas anderes: mein Leben. Ich spürte genau, daß jeder Versuch der Rückkehr mir den sicheren Tod bringen würde, und deshalb durfte ich seinem Wunsch auf keinen Fall Folge leisten.

Ich sah ihm in die Augen und sprach mit ruhiger Stimme, mich ganz auf meinen festen Entschluß konzentrierend: »Mir ist völlig klar, was Sie mir sagen. Sie haben Ihre Befehle und Aufgaben, und die sind nicht leicht. Sie haben in den Tagen, die Sie hier sind, bereits viel gesehen. Auch daß das menschliche Leben jeglichen Wert verlieren kann. Ich kann nicht mehr weiter. Wenn ich auf meinen Block zurückkehre, werde ich dort nur die große Zahl von Leichen vermehren. Ich muß Sie also bitten, mich nicht zurückzuschicken, sondern irgendwo hier zu lassen. Sie können so ein Menschenleben retten. Aber wenn es absolut gegen Ihre Instruktionen verstößt – dann füge ich mich und will hier nicht Ihre Arbeit behindern. Dann würde ich Sie bitten, mich an Ort und Stelle zu erschießen.«

Er blickte mich an – und schwieg. Dann änderte sich plötzlich sein Ausdruck – hinter der strengen Maske des Soldaten kam ein menschliches Gesicht voller Verständnis und Mitgefühl zum Vorschein. »Gut also. Sie können hierbleiben. Niemand darf Ihnen etwas anhaben. In der Frühe werde ich Sie abholen.«

»Gibt es Wasser?« raffte ich mich noch auf.

»Einen Augenblick«, sagte er und war verschwunden, kam aber bald zurück mit einem Gefäß voll reinem Trinkwasser.

»Ich danke Ihnen.« Ich nahm das Gefäß in beide Hände und trank es in einem langen Zug aus. Das war nicht mehr das Wasser aus dem schmutzigen Abfallkübel, auch nicht aus den Pfützen, sondern reines, lebenspendendes Wasser. Es war das Leben selbst.

Der englische Offizier drehte sich um und verließ die Station, ohne zu vergessen, die Tür sorgsam hinter sich zu verschließen.

You Are My Lucky Star

Ich habe ihm geglaubt. Und gewartet. Auf dem Gang herrschte den ganzen Morgen großer Betrieb. Aber niemand kümmerte sich um mich.

Plötzlich erschien er. Mein Retter. Wie versprochen. Er kam mit einem Krankenwagen der Armee, in dem vier Tragbahren waren – je zwei auf beiden Seiten. Ich bemerkte noch von draußen, daß alle belegt waren.

Aber ich mußte mir keine Sorgen machen. Er hatte noch eine fünfte Bahre mitgebracht, die für mich bestimmt war. Zunächst aber riß er mir mein verlaustes, zerlumptes grünes Abendkleid vom Körper. Vor sechs Monaten hatte ich es in Auschwitz zugeteilt bekommen und seither niemals abgelegt. Zur Sicherheit beförderte er die Ballrobe mit einem Fußtritt außer Reichweite und hüllte mich in ein sauberes weißes Leintuch. Dann hob er mich auf, legte mich hin und machte die Gurte fest. Da anders kein Platz war, mußte die Bahre im Wagen aufrecht stehen, was sicher gegen alle Sicherheitsvorschriften war.

Dann setzte er sich selbst ans Steuer, und wir fuhren los. Durch einen Spalt zwischen den Flügeln der breiten Hintertür des Autos konnte ich, wenn ich den Kopf entsprechend drehte, durch das immer schwächer werdende Licht abschätzen, wie Belsen sich entfernte, allmählich verschwand und zur Vergangenheit wurde. Das erfüllte mich mit neuer Energie, und ich fühlte, daß ich nie etwas Schlimmeres erleben konnte – und daß ich am Leben bleiben würde.

Warum hatte ich damals unbedingt Englisch lernen wollen!? Jetzt hat mir die Sprache das Leben gerettet. Oder war es das Lied »You Are My Lucky Star«, was mich aus der Hölle geführt hat? Es wurde mein »Glücksstern«.

In allerletzter Minute, an der Grenze meines Lebens, als ich schon bereit war, in die dunkle Tiefe zu fallen, erschien plötzlich der englische Offizier, mit dem ich mich verständigen konnte. So konnte er mir die rettende Hand reichen und mich zurück ins Leben stoßen.

Nun wurde er zu meinem Lucky Star.

Seinen Namen habe ich nie erfahren. Nicht einmal bedanken konnte ich mich. Er blieb mein Unbekannter Soldat – für immer.

Und er weiß gar nicht, daß ich ihm mein Leben lang verbunden bleiben werde für seine Menschlichkeit, die mir das Leben rettete.

Das Ende des Kriegs

Endlich waren wir in Bergen, einer Stadt mit vielen Kasernen, die nun von der britischen Armee besetzt waren. Wir wurden dort auf lange Steintische gelegt, mit Bürsten, Seife, Wasser und Desinfektionsmitteln von allem Ungeziefer befreit und schließlich noch zur Sicherheit mit weißem DDT-Pulver bestreut. Dann kamen wir zu viert in kleine Zimmer, wo wir auf Stroh am Boden lagen, jede in einer Ecke.

Dort waren wir zwar in Sicherheit, aber der Typhus im Körper nahm darauf keinerlei Rücksicht und fuhr fort, uns zu bedrohen. Eine von uns wurde bis zum Morgen sein Opfer. Sie war wohl Ungarin, die beiden anderen auch. Wir kannten einander nicht und führten unseren Kampf ums Überleben jede für sich auf eigene Faust.

Man begann uns langsam zu füttern. Anders kann man es nicht nennen. Die meiste Zeit schliefen wir. So vergingen die Tage am besten, weil sich unser Bewußtsein wie in Nebelschwaden verlieren konnte.

Eines Morgens verbreitete sich die Nachricht, daß der Krieg zu Ende sei. Der Krieg zu Ende? Ich war nicht fähig, zu begreifen, was das bedeutete. Ein Tag wie jeder andere, und noch dazu starben die beiden Mitbewohnerinnen meines Zimmers.

Wer hat eigentlich diesen Tag erlebt? Wahrscheinlich nur sehr wenige von uns.

Nana Krásová, Anita Kohnová, Blanka Krausová, meine Schwester Lída waren umgekommen. Eine nach der anderen. Nur ich bin am Leben geblieben.

»Zdenka, du allein wirst überleben« – so hatte dereinst in Kurzbach Nana prophezeit. Ich verspürte keinerlei Freude. Was tat ich eigentlich hier?

Alle um mich herum sind gestorben und verschwunden. Einfach so. Wem diente das eigentlich? Hatte jemand einen Nutzen davon? Die Welt wird sich weiterdrehen – hat sie eine Chance, besser zu werden? Die menschliche Natur wird sich nicht ändern, und niemand wird aus der Geschichte lernen wollen.

Da ich allein geblieben war, mußte ich in ein anderes Zimmer umziehen und bekam ein Bett mit Stahlrahmen zugeteilt. Das war schon Luxus. Allein in einem Bett. Ich war zu schwach, um aufstehen zu können. Ich wog 35 Kilo. Wenn es notwendig war, das Bett zu machen, mußte man mich auf den Fußboden legen, denn meine Füße trugen mich noch nicht. Erstmalig kam mir mein Zustand so richtig zu Bewußtsein, beim vorhergehenden Kampf ums Überleben hatte ich daran nie gedacht. Jetzt aber wußte ich, daß ich in guten Händen war. Die Engländer kümmerten sich aufs beste um uns.

Ich begann mich im Geist auf die Rückkehr nach Hause vorzubereiten. Wer wird wohl der erste sein? Mein Vater? Die Mutter? Jirka? Lída leider nicht. Oder werde ich es sein? Und dann Arno. Wo der wohl steckte? Was mußte er erleben und durchmachen? Wie er jetzt aussehen mag? Drei Jahre haben wir uns nicht gesehen. Er wird sicher zurückkehren, und alles wird so sein, wie wir es uns versprochen haben. Er wird sich bestimmt freuen, daß ich seinen Ring die ganze Zeit als Talisman am Körper getragen habe, daß er mich beschützt und gestärkt hat auf allen meinen Wegen.

Ich lag auf meinem Bett, und ich dachte in den verschiedensten Variationen nur an die Heimkehr und die Wiederbegegnung mit allen Lieben.

Man fing an, uns zu registrieren, und alle bekamen eine Karte, auf der neben dem Namen irgendeine Nummer stand. Angeblich wurden gleichzeitig Listen von Transportfähigen vorbereitet, die als Grundlage der Repatriierung dienen sollten. Mit größter Ungeduld erwartete ich meine Eintragung in solch ein Verzeichnis.

Gleichzeitig wurde eine andere Aktion in Gang gebracht. Die schwedische Regierung hatte sich bereit erklärt, vom Internationalen Roten Rreuz organisierte Transporte mehrerer Tausend schwerkranker Häftlinge in ihrem Land zur Heilung aufzunehmen.

Mit dem Gedanken an Schweden befaßte ich mich gar nicht, das betraf mich nicht. Ich wollte nach Hause, so schnell wie irgend möglich. Also begann ich ungeduldig zu werden. Der Krieg war vorbei, Gefahren drohten nicht mehr, Belsen hatte ich hinter mich gebracht – jetzt will ich nach Hause.

Bald verließen tatsächlich die ersten Gruppen Bergen, um heimzukehren. Jeden Tag fuhren mehr und mehr Leute weg. Nur ich wartete und wartete ...

Mein Schicksal wies jedoch in eine andere Richtung.

Kurz darauf stellte sich ein Mitarbeiter der englischen Verwaltung bei mir vor und teilte mir mit, daß ich nach Schweden gebracht werden sollte. Meine Enttäuschung konnte größer gar nicht sein. Ich weinte und bat, mich nicht dorthin zu schicken, in Schweden kannte ich doch keinen Menschen, während zu Hause sicher die Familie schon auf mich wartete. Ich kann doch kein Schwedisch und will einfach nur heim. Aber nichts fruchtete. Mir wurde versichert, daß mein Gesundheitszustand eine weitere

Heilung und Rekonvaleszenz erfordere und ich erst nach völliger Genesung heimkehren könne. Neben mir lag Erna Luxová aus Pilsen, die mit mir Belsen durchlitten hatte, aber nicht auf die Schwedenliste kam, obwohl sie gerade das am liebsten gewollt hätte. Sie setzte sich auf und sprach mit Betonung jedes Worts:

»Zdenka, sei nicht blöd, fahre nach Schweden, dort gibt es Speck.«

Hunger hatten wir nämlich nach wie vor, denn das Essen, das wir bekamen, war im Hinblick auf unseren Zustand absolut unzureichend, und so war die Aussicht auf Speck momentan sehr attraktiv. Eigentlich könnte ich für nicht allzu lange Zeit nach Schweden fahren, mich dort erholen und erst dann den Weg in die Heimat antreten. Wenn ich schon einmal auf der Liste war, schien das eine gute Lösung zu sein. So fing ich mich wie die Maus am Speck.

Eine spontane Entscheidung, von der ich nicht ahnen konnte, daß sie zur allerwichtigsten meines Lebens werden würde. Die Lust auf Speck führte mich auf ganz neue Wege, die in eine völlig neuen Richtung mündeten und mir ein ungeahntes Leben in einer neuen Welt bescherten.

Schweden

Bald fuhren wir weg, alle, die auf den entsprechenden Listen standen, von Bergen nach Lübeck, in den Hafen, wo ein großes Schiff auf uns wartete. Dort waren für uns Krankenbetten vorbereitet.

Am 1. Juli 1945 fuhr unser Schiff an der Insel Kalmar vorbei und landete am Ostkai des Hafens der Stadt Norrköping. Man trug mich auf einer Bahre vom Schiff. Ich war so neugierig, zu wissen, wo ich mich befand, daß ich mich heftig umdrehte und prompt von der Bahre fiel. So lernte ich Schweden kennen.

Man nahm uns in einem großen modernen Krankenhaus auf, und zu viert wurden wir auf die Zimmer verteilt. Dort erwartete uns ein Bett, weiß und frisch bezogen, ein wohlriechendes Kissen unter dem Kopf und eine eigene weiche, warme Decke. Es war wie ein Traum, der uns die ganzen Jahre verfolgt hatte. Als ob wir direkt aus der Hölle in den Himmel gekommen wären.

Eine kleine Aufnahmekommission der humanitären Organisation begrüßte und registrierte uns, nicht nur den Namen, sondern auch den Heimatländern nach. In der Kommission war auch eine Tschechin, die in Schweden lebte. Frau Dr. Helena Hájková nahm mich wie eine verlorene Verwandte auf, und wir kamen einander schnell näher. Später hat sie mir noch oft geholfen.

Im Krankenhaus wurde uns größte medizinische Sorgfalt zuteil, und wir erhielten erstklassige Kost. Zum ersten Mal nach so vielen Jahren hielt ich parfümierte Seife in den Händen. In Belsen gab es nicht einmal Wasser, geschweige denn irgendeine Seife. Jetzt erhielten wir noch eine Zahnbürste und Zahnpasta, auch einen Kamm. Alles Erinnerungen an eine weit entfernte Vergangenheit.

Seitdem wir Terezín verlassen hatten, bekamen wir solche Sachen gar nicht zu Gesicht.

Wer mit uns zu tun hatte, war nett, voll Mitgefühl, ohne daß sich die Leute so richtig vorstellen konnten, warum und woher wir hierhergekommen waren und was wir erlebt hatten.

Allmählich besserte sich unser Zustand. Bald konnten wir allein auf dem Flur gehen, bald danach einen kleinen Spaziergang in die Stadt machen. Hier mußten wir keine Judensterne tragen, und keine Verhaftung drohte. Im Gegenteil. Die Leute zeigten uns freundliche Gesichter, auch wenn wir kurzgeschorene Haare hatten, so daß sich jeder ausmalen konnte, wer wir waren.

Die Straßen und Gassen waren voll Menschen, die Geschäfte boten alle möglichen Waren zum Verkauf. Überall herrschte großer Betrieb. Wir brauchten eine Weile, bis wir uns wieder daran gewöhnten, mit normalen Leuten, die keine Häftlinge waren, in Verbindung zu treten. Dementsprechend verbesserte sich unsere Stimmung, wozu auch die Freude über das wiedergewonnene Wohlbefinden beitrug. Wir freuten uns auf die Heimkehr.

Aber für mich wurde bald alles anders.

Es wurden nach und nach offizielle Verzeichnisse von Personen, die die Haft in diversen Konzentrationslagern überlebt hatten, in Umlauf gebracht. Frau Dr. Hájková hatte zu ihnen Zugang und brachte sie mir. Fieberhaft blätterte ich in ihnen in der

Hoffnung, heute oder doch bald die Namen von Arno und meinen Familienmitgliedern zu entdecken. Ich fand nichts. Niemand war auf irgendeiner dieser Listen aufgeführt. Auch nicht auf der allerletzten, die veröffentlicht wurde. Wie soll sich ein Mensch in solch einer unerwarteten Stunde der Wahrheit verhalten und mit dem grausamen Schicksal versöhnen, zumal er darauf überhaupt nicht vorbereitet ist? Wie soll man fassen, daß alle Lieben umgekommen sind? Keinen werde ich wiedersehen!

Bald gab es auch Statistiken über das Schicksal der einzelnen Transporte in die diversen Vernichtungslager. Diese bestätigten, daß alle, die nach der Ankunft in Auschwitz »nach links« geschickt worden waren, noch am selben Tag den Tod in der Gaskammer erleiden mußten. Also meine Mutter. Hatte mir doch damals dort ein Kamerad gesagt, daß »sie durch den Schornstein gegangen sei«, und ich hatte ihn für geistesgestört gehalten.

Ich erfuhr auch, daß Arnos Straftransport nach dem Tode Heydrichs im Juni 1942 nach dem polnischen Ort Trawniky geschickt worden war, wo alle ermordet wurden. Arno hatte keine Überlebenschance.

Nur der Ring, den er mir vor seiner Abreise gab, ist mir geblieben.

Eines Tages erfuhr ich auch Näheres über das Schicksal meines Bruders Jirka von einem seiner Mithäftlinge. Nach der Ankunft in Auschwitz wurde er im Herbst 1944 nach Gliwice zum Bau einer Munitionsfabrik, die Raketen herstellen sollte, geschickt. Im Januar 1945 versuchte er angesichts der sich nähernden russischen Armee zu fliehen, wurde jedoch von zwei SS-Männern aufgegriffen und auf der Stelle erschossen. Von meinem Vater hatte ich vorläufig keine Nachricht.

Niemand von den Meinen überlebte, keiner kam zurück. Die Familie hatte aufgehört zu existieren. Mein Zuhause war verschwunden.

Allmählich begann mir zu dämmern, daß ich ganz allein auf der Welt war. Allein in einem fremden Land, krank, ohne Freunde, ohne Geld und Mittel. Nur Arnos Ring und das Messer mit dem Hakenkreuz aus dem Belsener Schlamm waren mir geblieben. Das war mein gesamtes Hab und Gut. Mein ganzes Vermögen. Mich befiel Verzweiflung und Hoffnungslosigkeit. Ganze vier Jahre hatte ich unter Einsatz meiner letzten Kräfte um jeden Preis darum gekämpft, zu überleben und nicht zu unterliegen – jetzt, wo ich endlich wieder frei und in Sicherheit bin, will ich nicht länger am Leben bleiben. Wozu denn auch und für wen? Ich bedauerte, daß ich nicht auch in Belsen den Tod gefunden hatte – wie meine Schwester Lída, Anita oder Blanka. Was soll ich hier tun? Wohin mich wenden? Warum bin ich als einzige übriggeblieben? Eine tiefe Depression erfaßte mich.

Wie fängt man mit nichts ein neues Leben an? Buchstäblich mit nichts? Was kann ich ohne jede Hilfe beginnen? Hatte ich doch nur ein Kleid, das ich vom Krankenhaus bekommen hatte. Konnte ich mich aufraffen?

Zu zweit geht alles besser – so fand ich mir eine Kameradin namens Věra aus Prag. Eine ehemalige Tänzerin. Auch sie war in Belsen gewesen, war wie ich allein und wußte ebensowenig über ihre Zukunft wie ich. Wir fanden schnell zueinander, und das besserte unseren Zustand. Wir entschieden uns, zunächst in Schweden zu bleiben – das weitere wird sich finden. Zu Hause wartete ja niemand auf uns, in unseren Wohnungen wohnten fremde Leute. Anstatt Ziegelstein auf Ziegelstein zu legen, um ein neues Haus zu bauen, fügten wir Stein an Stein wie für einen neuen Weg, der sich allmählich zu einer neuen Basis unseres Lebens gestalten sollte.

Am Fließband

Die schwedische Regierung sicherte allen, die im Lande bleiben wollten, eine Aufenthaltsgenehmigung zu. Für unseren Unterhalt sollten wir selbst sorgen, und als Hilfe wurden allen Interessenten Arbeitsplätze in verschiedenen Unternehmen angeboten. Věra und ich kamen so in den Süden, in die Stadt Kungälv, wo wir in einer Keksfabrik arbeiten sollten.

Dort fanden wir ein Logis mit Verpflegung bei der Familie Johansson. Das waren kreuzbrave Menschen, die sich um uns wirklich kümmerten. Leider war die Wohnung sehr weit von unserem Arbeitsplatz entfernt, den wir nur zu Fuß in einer Stunde erreichen konnten. Die Arbeit begann früh um 7.30 Uhr. Man setzte uns an ein Band, wo die Fabrikerzeugnisse von etwa zwanzig älteren, aber erfahrenen Arbeiterinnen gepackt wurden. Unsere Aufgabe schien uns zunächst einfach zu sein. Ein Karton mußte an den vorgezeichneten Stellen gefaltet werden, dann mußten wir mit einem Griff neun unversehrte Kekse hineinlegen und den Karton weiterschicken. Als Marge war vorgegeben, daß jede Person am Band pro Stunde 240 Kartons expedieren mußte. Für die dort arbeitenden Frauen, die wahrscheinlich ihr halbes Leben an diesem Band verbrachten, war das eine Kleinigkeit. Aber uns zerbrachen die Kekse in der Hand, die Schachteln falteten wir nicht schnell genug und hatten so immer Verspätung. Wir brachten es mit Müh und Not auf siebzig, und das verlangsamte die ganze Produktion. Die alten Packerinnen, die uns von Anfang an als fremde Eindringlinge betrachteten, beschwerten sich beim Produktionsleiter, und der teilte uns eines Tages mit, daß wir den Arbeitsplatz wechseln müßten, um eine einfachere Arbeit zu bewältigen, für die wir allerdings weniger Lohn erhalten würden. Diese Art von Arbeit und die Lebensumstände waren gewiß nicht unser Lebensideal und boten kaum eine Perspektive – wir kamen uns vor wie Charlie Chaplin in dem Film *Modern Times* –, aber zunächst setzten wir uns in den Kopf, daß wir die 240 Kartons pro Stunde schaffen mußten. Was die anderen können, müssen wir auch schaffen. Deshalb schlug ich Věra vor: »Weißt du was? Du bist eine umgeschulte Schneiderin und hast geschickte Hände, ich habe vom Klavierspiel behende Finger. Wir nehmen uns also ein paar Kartons nach Hause und werden dort ausprobieren, wie man das schneller machen kann. Es müßte mit dem Teufel zugehen, wenn uns das nicht gelänge. Irgendwie muß es gehen – und wir bleiben am Band.«

In irgendeiner unverständlichen Sprache wurde ich beim Leiter vorstellig und überredete ihn, uns noch eine Woche am Band zu lassen.

Unser Plan ging auf. Anstatt zu schlafen, versuchten wir verschiedene Handgriffe, um das Pensum schneller zu erfüllen. Bald wunderten wir uns, welche Fortschritte wir machten. Schon in einer Woche erreichten wir nicht 240, sondern 265 Stück. Das war ein Rekord. Die Packerinnen haßten uns um so mehr. Aber der Chef lobte uns, und wir blieben an unseren Arbeitsplätzen.

Leider war unser Leben grau und einförmig. Jeden Tag die langen Wege zu und von der Fabrik, die mehr als eintönig waren, und zu Hause erwartete uns nichts als Müdigkeit und Schlaf. Uns schien mehr und mehr, daß unsere Zeit hoffnungslos in einer leeren Zukunft verrann. Am Horizont zeigte sich auch nicht ein Funken Hoffnung auf Veränderung. Wir verfielen in Depressionen. Man kann doch nicht den Rest des Lebens mit dem Packen von Keksen am Fließband verbringen. Mir war ständig zum Weinen, weil ich befürchtete, von dort nie mehr wegzukommen.

Věra tröstete mich: »Mach dir keine Sorgen. Wir werden sicher dort hinkommen, wo wir hingehören.« Mehr wußte sie allerdings auch nicht.

Veränderungen kommen jedoch manchmal wirklich ganz unverhofft, und eines Tages wartete auf mich in der Wohnung ein Telegramm von Frau Dr. Hájková: »Die tschechische Gesandtschaft in Stockholm sucht eine tschechische Sekretärin. Ich erwarte Dich Donnerstag um 4.15 Uhr nachmittags am Hauptbahnhof in Stockholm.«

Eine solche Wendung hatte ich nicht erwartet. Eine einmalige Gelegenheit, die mir direkt in den Schoß gefallen war. Aber als treue Freundin lehnte ich sofort ab. »Ich kann doch nicht in Stockholm eine Stelle annehmen und dich hier allein in dieser schrecklichen Fabrik zurücklassen. Wir bleiben zusammen, und ich werde nicht nach Stockholm fahren.«

Věra aber widersprach heftig: »Du bist wohl verrückt! Natürlich fährst du! Siehst du denn nicht, daß dies für uns beide die einzige Chance ist, von hier wegzukommen? Du erhältst ganz sicher den Posten, übersiedelst nach Stockholm, und ich komme dann bald nach, und wir werden dort beisammen sein und nicht hier.«

Ich mußte einsehen, daß sie recht hatte, und fuhr. Ich zog mich so gut wie möglich an und bestieg den Zug nach Stockholm.

Natürlich war ich aufgeregt und fürchtete mich. Was, wenn Frau Frau Dr. Hájková nicht am Bahnhof ist? Wohin sollte ich gehen? Ich kannte doch dort niemanden. Wie das wohl ausgehen wird? Aber Dr. Hájková wartete am Bahnhof und begrüßte mich freudig. Mit einem Taxi fuhren wir auf die Gesandtschaft. Der neue Gesandte, Dr. Eduard Táborský, ehemaliger Sekretär des Staatspräsidenten Dr. Eduard Beneš, wartete auf uns in seinem Büro.

Nach einigen rein formellen Fragen sagte er:

»Ich sehe, daß Sie eine tschechische Ausbildung haben, und wir brauchen hier eine tschechische Sekretärin. Aber können Sie genug Schwedisch, um eventuell in der Telephonzentrale arbeiten und allfällige Anfragen in der Landessprache beantworten zu können?«

Ich wußte, daß meine weitere Existenz von meiner Antwort abhängen würde. Gleichzeitig war ich mir aber auch dessen bewußt, daß ich technisch nicht in der Lage sein würde, eine Telephonzentrale in irgendeiner Sprache zu bedienen, und – was natürlich noch schlimmer war – daß mein ganzer schwedischer Wortschatz aus Ja, Nej, Tack så mycket (ja, nein, danke) bestand. Meine Gedanken schossen wie irr durch den Kopf, mich befiel Panik. Da erinnerte ich mich an meinen Vater, der mir einmal geraten hatte:

»Sage niemals, daß du etwas nicht kannst. Wenn ein Elefant im Zirkus lernen kann, auf Flaschen zu stehen, kannst auch du alles lernen.«

Der Gesandte erwartete eine Antwort. Ich sah ihm direkt in die Augen und sagte mit fester Stimme: »Ja. Ich kann.«

»Gut«, entgegnete er, »am Montag können Sie anfangen.«

Ich kehrte nach Kulgälv zurück, kündigte meine Stelle und erhielt – zu meiner Überraschung – ein Zeugnis, in dem stand, daß ich die beste Packerin gewesen wäre, die sie je hatten. Dann nahm ich meine Siebensachen, verabschiedete mich auf nicht allzu lange Zeit von Věra und fuhr wieder nach Stockholm. Dort fand ich ein Zimmer in der Birgerjarlsgasse, die in wenigen Minuten zu Fuß von der Gesandtschaft am Nybroquai 15 zu erreichen war. Und jetzt konnten meine Probleme richtig beginnen.

Meine erste Woche in der Telephonzentrale glich einem bösen Traum. Die Sprachschwierigkeiten waren zu groß. Ich verstand kaum etwas von dem, was die Leute sagten. Ich hatte mir also zurechtgelegt, alles zu wiederholen, was ich hörte – und verstand auch dann fast nichts oder nur ein Minimum. Diesen Mangel mußte ich um jeden Preis und so schnell wie möglich ausbügeln. Ich kaufte mir also ein Wörterbuch und einige Zeitungen und saß Nacht für Nacht da, um irgendeinen Ausweg zu finden. Ich hörte sorgfältig auf alle Reden, versuchte so viel wie möglich selbst zu sprechen und aus dem Gelesenen den Sinn zu erfassen. Allmählich merkte ich, daß ich den finsteren Tunnel der Fremdheit und des Unverständnisses verließ und beginnen konnte, mit der Umwelt zu kommunizieren. Ich verstand mehr und mehr, konnte auch bald antworten.

Mit den tschechischen Kolleginnen verstand ich mich natürlich aufs beste, die Arbeit in unserer kleinen Gruppe war abwechslungsreich und interessant. Oft durften wir an offiziellen Veranstaltungen teilnehmen und lernten interessante Menschen kennen. Wir bekamen dann auch Einladungen zum Essen in guten Restaurants. Natürlich mußte ich, so schnell es nur ging, meine Garderobe bereichern und verbessern. Die Welt öffnete sich mir. Das Fließband in Kulgälv gehörte definitiv der Vergangenheit an.

In der Tat kam Věra bald nach Stockholm, sie fand Arbeit in einem großen Modesalon, obwohl sie ja eigentlich nur eine umgeschulte Schneiderin war. Es ging uns gut, irgendwie so hatten wir uns den weiteren Fortgang unseres Lebens vorgestellt.

An die langen nordischen Nächte, den strengen Winter mit der großen Kälte und der ständigen Finsternis konnten wir uns ebensowenig gewöhnen wie an die kurzen Sommer, in denen ein heller Tag dem anderen folgte. Trotzdem hatten wir das Gefühl, daß wir allmählich begonnen hatten, ein normales Leben zu führen.

Eines Tags bekam ich einen Brief aus Prag von einem mir unbekannten Dr. J. Lederer. Er hatte meinen Namen auf einer der Listen der Überlebenden der Lager gefunden. Er teilte mir mit, daß er mit meinem Vater einige Monate in Auschwitz war. Bei der Liquidierung des Lagers im Januar 1945 traten beide mit vielen anderen einen der Todesmärsche an, dessen Strapazen mein Vater nach zwei Wochen erlag. Dr. Lederer betonte, wie tapfer sich mein Vater verhalten hatte, wie er seine Kameraden ständig aufmunterte und wie oft er von mir gesprochen habe. Er war fest davon überzeugt, daß ich überleben werde, was sein größter Wunsch war. Dr. Lederer lud mich ein, nach Prag zu kommen, weil er mich gern kennenlernen und mir mehr über meinen Vater, an dessen Seite er bis zu seinem Tod ausharrte, erzählen wolle.

Mir war klar, daß ich so schnell wie möglich nach Prag müßte, um Dr. Lederer aufzusuchen und mehr zu erfahren. Ein Zufall half. Ein Mitarbeiter fuhr zu Weihnachten mit seinem Auto nach Prag und bot mir an, mich mitzunehmen. Wir durchquerten Deutschland und sahen die zerstörten Städte und Dörfer. Waren die dem Erdboden gleichgemachten oder verbrannten Häuser, die zerfallenen Stiegenhäuser und zerrissenen Leitungen oder geborstenen Rohre nun Gottes ausgleichende Gerechtigkeit?

Prag zeigte sich uns schon bei der Anfahrt in all seiner Herrlichkeit, weitgehend unbeschädigt, majestätisch wie je zuvor und vom Krieg verschont.

Gleich am Tag nach unserer Ankunft begab ich mich zu der angegebenen Adresse, einem großen Haus in der Dlouhá třída (Langen Gasse). Der Aufzug war defekt, also stieg ich zu Fuß in den dritten Stock. Dort stand ich vor einer großen Wohnungstür aus braunem Holz mit Schnitzereien. Links ein weißer Knopf, darüber ein Messingschild mit dem Namen Dr. J. Lederer.

Schon hatte ich den Finger auf dem Knopf – nur noch drükken.

Aber plötzlich wollte ich nichts wissen und nichts mehr hören. Nichts von Vaters Qualen, auch nichts darüber, wie und wo ihn der Tod ereilt hatte. Ich sah ihn vor mir, wie er uns in voller Kraft verließ, als ihn die Gestapo verhaftete und abführte.

»Nur Ruhe. Denkt daran – in der Ruhe liegt die Kraft.«

So will ich ihn für immer in meinem Gedächtnis bewahren.

Meine Hand sank. Langsam ging ich die Stiegen hinunter und verließ das Haus.

Herrn Dr. Lederer habe ich nie getroffen noch je wieder von ihm gehört. Mit meiner Entscheidung habe ich das letzte Kapitel unseres Familienalbums geschlossen und es tief in den Tresor der Erinnerungen versenkt.

Zwei Tage später bin ich nach Schweden zurückgeflogen, und in meine Heimat bin ich nie wieder zurückgekehrt.

Abschied für immer

Die ältere Dame, die nach fünfzig Jahren hierhergekommen war, saß noch immer auf dem Bretterstapel und schaute auf das Haus, in dem sie einst gewohnt hatte. In Erinnerungen versunken, zog ihr ganzer Lebensweg an ihrem inneren Auge vorbei. Es schien ihr, daß eine riesige Woge alles ins Meer des Vergessens gespült hatte.

Es war an der Zeit, sich von allem, was da war, zu verabschieden.

Sie stand schließlich auf und machte einige Schritte auf das Haus zu.

Von der Straße hob sie vier kleine Steine auf und legte sie nach altem jüdischen Brauch anstatt auf ein Grab auf die Eingangsstufe des Hauses, zum Gedenken an alle Toten.

Mutter, Vater, Bruder und Schwester.

Sie fühlte, daß es kalt geworden war. Sie wandte sich vom Haus ab und ging zum Bahnhof zurück.

Bevor der Zug nach Prag kam, sprach sie ein alter Herr, der auch wartete, mit einem Blick auf den grauen Himmel an: »Ich glaube, daß es in diesem Jahr sehr früh Schnee geben wird.«

Die Mutter, 1917 Der Vater, 1918

Bruder Jiři, Zdenka, Mutter, Juli 1925,
drei Monate vor dem plötzlichen Tod der Mutter.

Großvater Leopold

Bruder Jiři, Stiefmutter Ella, Zdenka und die kleine Schwester Lida, 1931

Lida mit ihrem Hund Punt'ou

Zdenka, Jiři, 11 Jahre und Zdenkas Freundin Vera, 8 Jahre, 1930

Der Vater in Luhacovice, 1937

Zdenka, Arno, 1940

Arnos Ring

Esther

Staročeská lidová hra neznámého autora

z konce 18. století

Poprvé v nové jevištní úpravě

Hudba: Karel Reiner, Režie: Norbert Fried
Kostýmy a jeviště: Frant. Zelenka
Tance Trauta Bachová, K. Rosenbaumová
Hudeb. studium: Fr. Kraus
Hudeb. vedení: Karel Bermann

Hudebníci:

Manől, Katzová-Kohnová, Bokkes-Baerleinová
Lebererová, Wallerstein

Osoby:

Král Ašver: K. Kavan	Kat: Fr. Král
Vasta: Zb. Fantlová	Opovědník: J. Spitz
Aman: J. Strass	Kuchař: B. Kunz
Zareš: E. Korálková	Sklepník: K. Steiner
Esther: H. Munková	Seblári: J. Ašer, J. Reich
Panna: H. Friebová	Selka: T. Popperová
Marbocheus: J. Kraus	Selské tanečnice:
Komorníci:	S. Lančová, L. Flachová
P. Fischl, V. Popper	Tesaři: P. Tyras, P. Hybš

Panny:
H. Kleinová, A. Kohnová, H. Ecksteinová, N. Schwarzová

Bergen-Belsen, April 1945

Zdenka als Sekretärin der Tschechischen Botschaft in Stockholm 1948

Zdenka Fantlová heute

Inhaltsverzeichnis

Die Originalausgabe erschien 1996 unter dem Titel
»Klíd je síla, řek' tatinek« im Primus Verlag, Prag.
© Zdenka Fantlová
Die Übersetzung wurde von der Autorin durchgesehen.

Die Deutsche Bibliothek – CIP-Einheitsaufnahme
Fantlová, Zdenka:
»In der Ruhe liegt die Kraft«, sagte mein Vater /
Zdenka Fantlová. Aus dem Tschechischen von
Pavel Eckstein. Mit einem Vorw. von Jiří Gruša. –
Bonn : Weidle, 1999
Einheitssacht.: Klid je síla, řek' tatínek ‹dt.›
ISBN 3-931135-38-1

© 1999 Weidle Verlag
Beethovenplatz 4
53115 Bonn

Lektorat: Susanne George
Redaktion: Stefan Weidle
Typographie: Friedrich Forssman, Kassel
Satz: Katharina Blumenberg, Friedrich Forssman
Druck und Bindung: Hubert & Co, Göttingen
Umschlag: Merrill Wagner
ISBN 3-931135-38-1